Caroline Deiß

DAS GEHEIMNIS DEINES SCHICKSALS

Caroline Deiß

Das Geheimnis deines Schicksals

Wie du den Plan deines Lebens verstehst und deine Zukunft selbst bestimmst

mvg verlag

Bibliografische Information der Deutschen Nationalbibliothek
Die Deutsche Nationalbibliothek verzeichnet diese Publikation in der Deutschen Nationalbibliografie. Detaillierte bibliografische Daten sind im Internet über http://d-nb.de abrufbar.

Für Fragen und Anregungen
info@mvg-verlag.de

Originalausgabe
1. Auflage 2021
© 2020 by mvg Verlag, ein Imprint der Münchner Verlagsgruppe GmbH
Türkenstraße 89
80799 München
Tel.: 089 651285-0
Fax: 089 652096

Alle Rechte, insbesondere das Recht der Vervielfältigung und Verbreitung sowie der Übersetzung, vorbehalten. Kein Teil des Werkes darf in irgendeiner Form (durch Fotokopie, Mikrofilm oder ein anderes Verfahren) ohne schriftliche Genehmigung des Verlages reproduziert oder unter Verwendung elektronischer Systeme gespeichert, verarbeitet, vervielfältigt oder verbreitet werden.

Redaktion: Ralf Lay
Umschlagabbildung: Depositphotos.com/roverto007
Layout und Umschlaggestaltung: Manuela Amode
Satz: Achim Münster, Overath
Druck: CPI books GmbH, Leck
Printed in Germany

ISBN Print 978-3-7474-0323-5
ISBN E-Book (PDF) 978-3-96121-683-3
ISBN E-Book (EPUB, Mobi) 978-3-96121-684-0

Weitere Informationen zum Verlag finden Sie unter
www.mvg-verlag.de
Beachten Sie auch unsere weiteren Verlage unter
www.m-vg.de

Inhalt

Vorwort	7
Dein Ursprung – die geistige Welt	**9**
Der Hauch der Schicksalsgöttinnen	18
Saturn – der Schicksalsplanet	22
Kosmischer Wissensspeicher – Gedächtnis des Weltgeschehens	28
Palmblattbibliotheken – Schicksalsbibliotheken	31
Geheime Zeichen der Anderswelt	**33**
Wiederkehrende Abläufe	35
Auf den Spuren der Intuition	43
Genius Loci – der Geist deiner Umgebung	46
Wunder – unfassbar und wahrhaftig	53
Seelenpartner – mystische Begegnung	57
Das Buch der sieben Siegel	**61**
Die vier apokalyptischen Reiter	63
Initiation – die spirituelle Einweihung	78
Schicksalhafte Symbole und Zeichen	83
Der Sinn des Lebens	89
Resonanz – die Kraft der Anziehung	**93**
Morphogenetische Felder	96
Fülle – unsichtbar und allgegenwärtig	99
Wie wirklich ist die Wirklichkeit?	109
Sterne – Wegweiser im Leben	117
Der Geist der Zeit	124
Freiheit – Urgedanke der Menschheit	127
Pfade zur geistigen Stärke	**131**
Spiritualität – die Verbindung mit dem Kosmos	133

Die kosmische Kraft des Verlierens 140

Der Geist der Gedanken 146

Die Erfahrung der Alten – kostbarer Schatz der Weisheit. . . 152

Wildpflanzen – kosmische Informationen für den Körper . . 155

Rituale – kostbare Blicke in dein Schicksal **165**

Naturgänge – das Schicksal erspüren 167

Dein Drittes Auge – Hellsehen, Hellfühlen, Hellhören 170

Traditionen und Brauchtum – Nahrung für die Seele 174

Die Kraft des Segnens – schicksalhafte Worte 177

Räucherungen – Pforten zur geistigen Welt 181

Mantras – Zaubersprüche der modernen Zeit 185

Körperdehnung – das »Ich« spüren. 190

Fasten – die Verbindung mit der spirituellen Kraft 194

Mythologische Spurensuche – Quelle der Lebensenergie . . . 199

Nachwort **201**

Dank **202**

Über die Autorin **203**

Literatur **204**

Bildnachweis **207**

Vorwort

Jedes Schicksal hat sein eigenes Geheimnis. Wenn wir das großartige Abenteuer Leben am Tag unserer Geburt beginnen, folgen wir einem Weg, den wir zuvor in einer anderen Dimension gewählt haben. Nach altem Glauben hauchen uns dann drei Schicksalsgöttinnen unseren Lebensweg ein: Alle Sorgen und leidvollen Erfahrungen wie auch Momente der Harmonie, der Fülle und Freude. Während unseres Lebens lernen wir den uns stetig beschützenden Geist unserer Umgebung kennen, erleben unvergesslich schöne Momente, und mit etwas Glück lernen wir sogar unseren Seelenpartner kennen. Wir erfahren panische Ängste, leidvolle Krankheiten und schmerzvolle Verführungen, die uns auf dem Weg der Weisheit begleiten, uns Lehrmeister sind und uns mit der Frage über den Sinn unseres Lebens konfrontieren.

Mit alchemistischen Ritualen können wir aktiv in unser Schicksal eingreifen und es wandeln, wenn es uns nicht gefällt. Dabei begegnen uns immer wieder schicksalhafte Zeichen und Wunder, die uns eine Ahnung davon einhauchen, dass wir einer kosmischen Aufgabe folgen, die wir mit einem Meer von Möglichkeiten erfüllen können. Bereichernde, machtvolle Gedanken, tiefe Gefühle, intensive Erfahrungen sowie Momente des Scheiterns und des ekstatischen Glücks weisen uns den Weg durch eine fantastische Entdeckungsreise zu uns selbst.

Sei bereit, durch die Tore der Erkenntnis zu schreiten, und freue dich auf eine großartige Reise durch dein atemberaubendes Leben.

In diesem Sinne wünsche ich dir spannende Momente bei der Entdeckung der Geheimnisse deines Schicksals.

Caroline Deiß

DEIN URSPRUNG – DIE GEISTIGE WELT

Woher kommen wir? Wohin gehen wir? Fragen, die sich jeder schon einmal gestellt hat. Im Laufe unseres Lebens tauchen sie auf, die nicht erklärbaren Phänomene, die einem einflüstern, dass es irgendwo noch eine Kraft geben muss, die uns lenkt. Unsichtbar, geheimnisvoll, mystisch. Wenn wir unsere Beobachtungen hinterfragen, kommen wir irgendwann zum Schluss, dass wir unser Leben selbst in der Hand halten, aber dennoch Ereignisse eintreten, die von unsichtbarer Hand geleitet scheinen. Sind es die Schicksalsfrauen, von denen unsere Vorfahren berichten? Wacht Saturn, der Schicksalsplanet, über uns? Gibt es wirklich einen kosmischen Wissensspeicher? Wie kann es sein, dass ich in einer Bibliothek mein Schicksal nachlesen kann?

Schicksal – das Leben, das du selbst gewählt. Gestalten wir unser Leben selbst oder hat eine höhere Macht das Sagen? Ist alles Zufall?

Seit Jahrtausenden beschäftigen sich die Menschen mit diesen geheimnisvollen Fragen. Nach Vorstellung unserer keltisch-germanischen Vorfahren sitzt die Urgöttin allen Lebens vor ihrem Kessel und kocht die Ursuppe, das Schicksal der Menschen. Ist die Stunde unserer irdischen Geburt gekommen, sitzen wir ihr zur Seite, können mit dem magischen Zauberlöffel in der Suppe des Urkessels rühren und einen Blick auf unser Schicksal werfen, das Los unseres zukünftigen Daseins. Wir sehen den Kummer und den Gram, das Elend und das Leid, das Laster, den Irrtum, den Zorn, Hass, Hochmut, Stolz und die Scham. Wir erblicken die Freude, das Glück, die Träume, die Fülle und Liebe und den Reichtum. Wir sehen das Schlechte und das Gute, unsere Schwächen und Stärken, die Wunden und die Unterstützung der göttlichen Gehilfen, der Engel.

Ist der Moment des Antritts deiner irdischen Reise gekommen, musst du dich entscheiden. Du wägst noch einmal alles Gute und Schlechte ab; und wenn du dich mit einem begeisterten »Ja« für das Leben entschieden hast, das du nun führst, trittst du deine Reise zu unserem Blauen Planeten an. Fällt dir dein Schicksal oft schwer, so bedenke: Vor deiner Geburt hast du ihm mit entschlossener Stimme zugestimmt.

Dieses uralte Wissen über die Mitbestimmung unseres Lebenspfades zog auch die großen Gelehrten der Antike immer wieder in seinen Bann. Sie erkannten die unendliche Lebenskraft, die hinter diesem Gedanken verborgen liegt. Jahrtausende wurde das Wissen gelehrt, bis es irgendwann aus den Büchern verschwand, was den Menschen Geborgenheit, Lebenssinn und Hoffnung nahm. Angst und Verzweiflung nahmen zu, und Finsternis machte sich breit.

Doch wer in die Geheimnisse der allumfassenden kosmischen Energie eingeweiht ist, der weiß, dass kein Wissen jemals verloren geht, dass alle Gedanken und Taten auf dieser Welt in einem kosmischen Wissensspeicher bewahrt bleiben und es nur eine Frage der Zeit ist, bis es wiederauftaucht. Durch geheimnisvolle Eingebungen, tiefe Meditationen und auch alltägliche Erfahrungen können wir auf diesen Speicher zurückgreifen und erkennen, dass Schicksal einerseits das ist, was geschehen soll, dem du nicht entkommen kannst, egal, wie du dich verhältst. Denn du bist in diesem Leben an die Folgen deiner Handlungen der vergangenen Existenzen gebunden. Dein jetziges Los ist die Ernte deiner Handlungen aus deiner Vergangenheit. Andererseits verfügst du aber auch über einen Reichtum an Möglichkeiten, in dein Leben einzugreifen, es zu gestalten und neu zu formen. Du erfährst in jedem Augenblick neue Erlebnisse und Erkenntnisse, die eine Veränderung in vielen Handlungsmustern bewirken und dein Schicksal beeinflussen.

Wohl jeder hat es schon einmal erfahren: Urplötzlich geschehen Dinge, die wie von Geisterhand gelenkt in unser Leben treten. Im Folgenden ein erstaunliches Beispiel für die Bestimmung, der ich nicht entrinnen konnte: Eines Tages ging ich in ein Bekleidungsgeschäft, in dem jede Kundin durch mehrere Schilder freundlich dazu aufgefordert wurde, an einem Gewinnspiel teilzunehmen. Die ersten drei Plätze versprachen ein Wellnesswochenende für zwei Personen in den schönsten Hotels zwischen Bayern und Österreich. Ich hatte noch nie irgendetwas in meinem Leben gewonnen und daher auch nicht das geringste Interesse, an dieser Verlosung teilzunehmen. Selbst vor dem Ausgang erinnerte mich noch ein Schild an die traumhaften Gewinne. Ich schmunzelte nur und verließ das Geschäft. Wenige Tage später staunte ich nicht schlecht: Bekam ich doch eine E-Mail mit der Benachrichtigung über meinen Gewinn des ersten Preises! Was war geschehen? Nun, eine aufmerksame Verkäuferin hatte mich während meines Einkaufs beobachtet und bemerkt, dass ich an dem Gewinnspiel nicht teilnahm – im Gegensatz zu allen anderen Kundinnen. Kurzerhand füllte sie die Teilnahmekarte mit meiner E-Mail-Adresse (die sie der Kundendatei entnahm) aus und warf sie in die Urne. Am nächsten Morgen fand die Ziehung der Gewinner statt, und die Karte mit meinem Namen erzielte den Hauptgewinn. So gewann ich ein Wellnesswochenende in einem schicken Luxushotel am Achensee in Österreich, obwohl ich persönlich an diesem Gewinnspiel gar nicht teilgenommen hatte.

Es gibt eben Dinge, die werden dir vom Himmel geschickt, egal, ob du etwas dafür tust oder nicht. Sie sind dein vorherbestimmtes Schicksal.

Warum passiert das? Warum passiert es mir? Das sind Fragen, die uns oft mit vielen Zweifeln zurücklassen. Hat es etwas mit dem Karma zu tun, von dem wir häufig aus den reichen Kulturen Asiens hören?

Karma besagt, dass alles Handeln eine Ursache und eine Wirkung hat. Alle unsere Gedanken, Taten, Worte, Wünsche und Versprechen, denen wir in unserem irdischen und andersweltlichen Dasein gegenwärtig nachgehen oder die wir in früheren Existenzen pflegten, verursachen und formen unser derzeitiges Schicksal. Alles, was wir als Gutes empfangen oder als Schlechtes erleiden müssen, hat eine Ursache in der Vergangenheit – in früheren Existenzen, an die wir uns nicht erinnern können. Was wir jetzt tun, beeinflusst unsere Zukunft – oft in einem späteren Leben, häufig auch noch in unserem gegenwärtigen Dasein. Endgültige Gewissheit darüber werden wir erfahren, wenn unsere Zeit des Abschieds von diesem wunderbaren Planeten Erde gekommen ist oder wenn unsere geistige Verbindung zu den kosmischen Kräften so hoch entwickelt ist, dass uns die Antwort schon in diesem Leben erreicht.

Um mehr über dich und dein vorbestimmtes Leben zu erfahren, solltest du dir folgende Fragen stellen, die deinem zukünftigen Lebensweg eine neue und erfüllende Richtung geben können:

- Was sind meine Stärken?
- Was sind meine Schwächen?
- Warum tue ich, was ich tue?
- Was würde ich tun, wenn ich mehr Mut hätte?
- Was würde ich tun, wenn ich auf andere keine Rücksicht nähme?
- Von welchem Leben habe ich immer geträumt? Was kann ich unternehmen, um dies zu erreichen?
- Wofür haben mich andere Menschen gelobt?
- Worin bin ich besser als andere?

- Was erlerne ich schnell?
- Welchen Beruf wollte ich früher einmal erlernen?
- Was bereue ich in meinem Leben?
- Wofür haben mich andere Menschen häufig kritisiert?
- Was waren meine größten Niederlagen?
- Was möchte ich unbedingt erreichen?
- Wovor habe ich die größte Angst?
- Worum beneide ich andere Menschen?
- Was macht mich unglücklich?
- Welche Menschen sind mir besonders wichtig?
- Was sind meine schönsten Erinnerungen?
- Welche Werte sind mir besonders wichtig?
- Was weckt meine Begeisterung und Leidenschaft?
- Welche Themen interessieren mich?
- Was will ich unbedingt erleben?
- Was hindert mich daran?
- Ist das wirklich ein Hinderungsgrund oder nur eine Ausrede?
- Was würde ich alles tun, wenn ich nicht zur Arbeit gehen müsste?
- Was würde ich tun, wenn ich nur noch einen Monat zu leben hätte?

Wer bestimmt, auf welchem Kontinent du geboren wirst? Ist es Zufall, dass du in bitterer Armut aufwachsen sollst? Wie kommt es, dass

Kinder mit schweren Krankheiten geboren werden? Warum erleidest du einen schweren Unfall, nach dem du nie wieder deine ursprüngliche Gesundheit zurückgewinnst? Philosophen und Gelehrte der Antike bis in die Gegenwart zerbrechen sich über solche Fragen den Kopf. Viele von ihnen kommen immer wieder zu demselben Schluss: Das Schicksal deiner gegenwärtigen Inkarnation hängt demnach von deinen gewünschten Erlebnissen ab, die du wie gesagt vor deiner irdischen Geburt formuliert hast. Manche Menschen kommen schon mit Krankheiten oder Behinderungen auf diese Welt, andere müssen in bitterer Armut leben und kämpfen täglich ums Überleben. Viele fragen sich dann nach dem Sinn dieses Leids und bleiben in Fassungslosigkeit zurück. Schenkt man den Schöpfungsgesetzen Glauben, so hat jeder Mensch sich sein Schicksal gewünscht, um gewisse Erfahrungen und Gefühle zu erleben. Deshalb ist es kein Zufall, ob du gesund oder krank geboren wurdest.

Wie gesagt: Alle Gedanken, Gefühle, Worte und Taten verursachen ganz bestimmte Wirkungen im Leben eines Menschen. Schicksal ist demnach die Summe aller Ursachen, die zu bestimmten Folgen führen.

In deinem momentanen irdischen Dasein erlebst du einen großartigen Abschnitt in deinem ganzen endlosen Sein. Doch am Tag deiner Geburt legt sich für den zeitlich begrenzten Aufenthalt auf dieser Erde ein dichter Nebelschleier über die Vergangenheit deiner bisherigen Existenz. Du kannst dich später nicht mehr erinnern, woher du kommst. Würdest du dich dessen besinnen, liefest du möglicherweise Gefahr, in Passivität zu erstarren und auf deinen baldigen irdischen Tod zu warten. Dein geistiges Vorankommen wäre gefangen in deiner Tatenlosigkeit und dein spirituelles Abwärtsgleiten eingeläutet.

Die Weisheitslehren uralter Mysterienschulen berichten darüber und bewahren dieses geheime Wissen der Menschheit. Dein momentanes

Schicksal verschafft dir Gelegenheit, um in diese paradiesische Mystik einzusteigen und die Faszination deiner unendlichen Schöpferkraft kennenzulernen.

Haderst du auch oft mit deinem Schicksal und deinem Leben? Und gibst du vielleicht deinen Eltern die Schuld für deine momentane Lage, so bedenke: Du hast dir deinen Vater und deine Mutter vor deiner Geburt ausgesucht, um diese Erfahrung zu erleben. Ebenso haben deine Eltern durch ihr unendliches Sein schon vor ihrer irdischen Inkarnation diese Situation herbeigesehnt. Eltern wie Kinder brauchen sich daher nicht zu beklagen, ungeboren haben sie dieses Leben bejaht. Für beide Seiten bedeutet diese Erfahrung geistiges Wachstum. Besonders am Ende eines Lebens, oft auch erst in den letzten Momenten des Übergangs in die nächste Dimension, spüren Hinübergehende auf ihrem Lager sowie die anwesenden Hierbleibenden eine überwältigende Energie der Vergebung. Dieser Sturm der Gefühle öffnet den Letztgenannten die Pforten für einen Blick in die Unendlichkeit allen Seins. Sie spüren die allmächtige Schöpfungsmacht während der Gegenwart des Todes.

Dieser Einblick in die Unendlichkeit verblasst dann allmählich, je länger der Tod zurückliegt und der gewöhnliche Alltag wieder eingekehrt ist. Der Alltag nimmt wieder seinen Lauf, Zweifel über das Erlebte gewinnen die Oberhand, und im Laufe der Zeit verwischen die Erinnerungen an dieses faszinierende Erlebnis.

Wir gestalten unser Leben also nach unseren Ideen. Die Spuren unseres Wirkens sind in jeder Sekunde unseres Leben, unseres Seins zu sehen. Daher existieren weder Zufall noch Belohnung oder Strafe, Gerechtigkeit oder Ungerechtigkeit. Schicksal ist die Summe der Folgen unserer Entscheidungen im Diesseits und Jenseits, im Hier und Jetzt sowie in der Vergangenheit und Zukunft.

Ob du willst oder nicht, du bist für dein Schicksal verantwortlich, suchst du auch noch so viele Ausreden. Du bekommst das, was du verursachst. Bereitet dir jemand Schmerzen, so hast du diese Person – die sich ebenfalls dazu bereit erklärt hat – dir selbst als Boten gesandt, um daraus Lehren zu ziehen und geistig zu wachsen. Das soll nicht heißen, dass du selbst »schuld« seist, wenn du etwa ein bitteres Los erwischt hast, und nun sehen kannst, wie du damit klarkommst. Es geht nicht um moralische oder sonstige Bewertungen deines Verhaltens und erst recht nicht darum, unmoralisches oder übergriffiges Verhalten anderer zu bagatellisieren oder gar zu legitimieren und sie aus ihrer Verantwortung zu entlassen. Vielmehr wollen wir die spirituellen Zusammenhänge erkennen, die den Vorstellungen unseres Alltagsbewusstseins manchmal zuwiderzulaufen scheinen und deren höherer Sinn sich uns nicht auf Anhieb erschließt, um sie besser kennenzulernen und konstruktiv in unsere Lebensentscheidungen zu integrieren. So wirst du letztlich deinen Frieden finden und in Harmonie mit den kosmischen Gesetzen leben können.

Genauso, wie es dich schlimm erwischen kann, treten in dieser Inkarnation aber auch vermehrt Menschen in dein Leben, die dir sehr viel Gutes tun, wenn du vorher den Boden dafür geebnet hast. Was deine Gedanken heute säen, das fährst du morgen ein. Deine gesamte Ernte aller Ideen und Taten und dein Charakter münden in dein Schicksal.

Der Hauch der Schicksalsgöttinnen

Nach altem Glauben unserer frühen Vorfahren walten die Götter das Schicksal, das von drei allwissenden Frauen am Fuß der Weltesche Yggdrasil gelenkt wird: den Nornen. Die drei allwissenden germanischen Schicksalsfrauen (Urd, Verdandi und Skuld), auch Weberinnen des Glücks genannt, gelten als Verkörperung der drei Schicksalsphasen eines Menschen: Vergangenheit (Urd), Gegenwart (Verdandi) und Zukunft (Skuld). Dem Mythos nach leben die drei an der Urquelle allen irdischen Seins zwischen den Wurzeln eines Baumes, der den gesamten Kosmos symbolisiert. Diese Quelle stellt das Tor zum Jenseits dar, durch das alle Verstorbenen wandern müssen und durch das alle Neugeborenen auf ihrem Weg nach Midgard, dem Reich der Menschen, schreiten müssen. Nach jeder Geburt wachen sie an der Wiege des Neugeborenen und hauchen ihm sein Schicksal sowie seine Lebensdauer ein, so der Glaube unserer Vorfahren. Sie spinnen die Schicksalsfäden und bestimmen Ereignisse, die in deinem Leben geschehen sollen.

Es handelt sich um goldene Schnüre, deren Farbe das Schicksal der Sonne – ihren abendlichen Tod und ihre morgendliche Wiedergeburt – symbolisieren. Diese Sonnenfäden stehen für die Dauer eines jeden Menschenlebens. Gehen sie zu Ende, dann erlischt das Leben, und nach dem abendlichen Tod gibt es keine Wiedergeburt am Morgen mehr. Die Garnspule steht für die Unabänderlichkeit ganz bestimmter Schicksalskomponenten, diese nehmen ihren Lauf und sind nicht zu beeinflussen. Der Mensch spult diese Schnüre ab und harrt der Dinge, die da kommen. Der eine hineingeboren in einer Welt voller Fürsorge, Wohlwollen und materiellem Reichtum, der andere in Armut, Hunger, Bitterkeit und dem täglichen Kampf ums Überleben.

Volkskunde, Brauchtum und Sagen erzählen viel von diesen geheimnisvollen drei Glücksbotinnen vorchristlicher Kulturen, deren Verehrung sogar in einigen christlichen Bauten wie dem Dom zu Worms oder der Kapelle Sankt Alto in Leutstetten bei Starnberg ihren Ausdruck findet. Sie verkörpern nach christlicher Darstellung das sich ständig erneuernde Leben und gelten als Schutzfrauen in allen menschlichen Belangen und schicksalhaften Momenten. Sie schenken ihren Schützlingen vitale Lebenskraft und magische Stärke für die Hürden im Lauf des Lebens. In allen Lebenssituationen spenden sie Zuversicht und Hoffnung und helfen dabei, sich zu wandeln, zu verändern und weiterzuentwickeln. Sie greifen ins Leben der Menschen ein, wenn gewisse Vorgänge, Erlebnisse und Begegnungen sich ereignen sollen. Fast jeder kennt das Gefühl, wenn plötzlich der perfekte Lebenspartner vor einem steht, einfach aus dem Nichts gekommen. Wie das? Urplötzlich? Das kann doch nicht sein? Doch! Dafür sorgen die drei Nornen. Was passieren soll, das geschieht, ob mit oder ohne unser Zutun.

Im Laufe deines Lebens wirst du merken, dass zwar jeder unter unterschiedlichsten Bedingungen den Planeten Erde betritt, aber sein Schicksal mitbestimmen kann. Die drei Nornen schenken den Menschen die Geborgenheit in einer Welt, die von Chaos, Unsicherheit und Ängsten durchzogen ist. Sie weben das Glück ihrer anvertrauten Seelen und stehen ihnen jederzeit hilfreich zur Verfügung, wenn sie gerufen werden. Als Kraftquelle der Spiritualität schenken sie inneren Halt und Zuversicht, damit innerer Frieden in unsere Seelen einzieht. Sie schaffen den Zusammenhang zwischen Wissen und Glauben, sie machen deutlich, dass beide nur verschiedene Felder desselben menschlichen Seins darstellen und so ein Ganzes bilden. Wissen und Glauben verschmelzen miteinander und führen zur geistigen Erkenntnis. Die Aufgabe der drei Nornen liegt darin, dass sie den Menschen die Pflicht einhauchen, sich mit jenen Tatsachen vertraut zu machen, die ihr Schicksal bestimmen, auch wenn sie ihnen gefühlsmäßig wenig behagen.

Spirituelle Zeitgenossen erfahren auf ihren Meditationsreisen von der Feinstofflichkeit eines Geistleibes, der in einen grobstofflichen irdischen Körper eingebettet ist. Seine Gestalt gleicht dem irdischen Körper, ist aber für die Augen der Menschen unsichtbar. Unsere Seele trägt unser wahres, geistiges Ich einschließlich dessen Wahrnehmungen, Gedanken und Empfindungen unserer Vergangenheit, Gegenwart und Zukunft. Sie belebt, als Verbindungselement, beide Körper. Dabei vermag der Geist – Vereinigung von Geistleib und Seele –, sich während des Schlafes vom irdischen Körper zu löscn.

Der ein oder andere Leser wird diese Erfahrung schon gemacht haben. Wenn der Geist nicht mehr rechtzeitig vor dem Aufwachen in den Körper zurückkehren kann, öffnen sich unsere Augen und nehmen einem Erdbeben gleich einstürzende Wände wahr, die einen zu erschlagen drohen. An Flucht ist in diesem Moment gar nicht zu denken, denn unser Körper kann sich nicht bewegen. Nach einem erneuten kurzen Schließen der Augen schafft der Geist die Rückkehr, und beim nächsten Augenaufschlag ist alles wieder normal und unser Körper erhält wieder die Kraft zum Aufstehen.

Die drei Nornen erscheinen den Menschen oft in ihren Träumen. Bereite daher ein Traumritual vor: Platziere Notizblock, Stift und silbernen Becher gefüllt mit Wasser auf deinem Nachttisch. Wenn du zu Bett gehst, trink einige Schlucke daraus, leg dich hin und nimm dir vor, mit den drei Nornen im Schlaf zu kommunizieren. Oftmals melden sie sich bei dir und werden dir Geheimnisse deines Schicksals offenbaren.

Wenn du am nächsten Morgen erwachst, schreib alle Botschaften auf und lies sie immer wieder durch. Es sind kostbare Worte, die dir in vielen Momenten gute Ratschläge geben.

Saturn – der Schicksalsplanet

Saturn ist der Herrscher des sorgenfreien Goldenen Zeitalters. Ihm zu Ehren feierten die Römer dreißig Tage lang das ausgelassene Fest der Saturnalien, den Vorläufer unseres Weihnachtsfestes. Sein Tempel am Fuße des Kapitols war einer der größten im antiken Rom und Herberge des Staatsschatzes des sagenumwobenen Weltreichs. Ehrfürchtig wurden ihm Dankgebete und Opfergaben dargebracht, um seinen Segen für ein beschütztes und gelingendes Leben zu erhalten. Als Gestirnsgottheit ist er Urheber des Guten und Schönen, der jedem zur Seite steht, der seiner eigenen Seele begegnen möchte und in der Gestaltung seines Schicksals und persönlichen Lebens aktiv mitwirken möchte.

Der Nachthimmel ist voller Namen aus griechischen Mythen, die uns mit der Schöpfungsgeschichte der Antike verbinden. Unsere Sternbilder sind nach Menschen, Fabelwesen und Ungeheuern aus jener Zeit benannt, als die olympischen Götter die Welt ordneten. Die Götter selbst stehen als Planeten am Himmel: Jupiter, Mars, Merkur, Sonne, Mond, Venus und Saturn. Die Sterne werden durch die Mythen zum Leben erweckt. Der optische Eindruck der Planeten beginnt durch die Mythen zu leben, und die Mythen nehmen durch den Zusammenhang mit den Planeten räumliche Gestalt an. Sie wirken über den Nachthimmel auf das Geschehen der Erde. Ihre Erscheinung am Firmament festigt unseren Kontakt zu ihnen und erweckt sie zum Leben.

Mythen sind ernsthafte, schicksalhafte Wirklichkeiten, die den frühen Menschen die Welt erklärten und unsere Kultur, unser Denken und unsere Wertvorstellungen bis heute stark beeinflussen. Die Mythen der Planeten bringen uns eine Botschaft, die wir im Laufe unseres Lebens fühlen und sehen lernen, und so erwecken wir ihre ursprüngliche Einheit mit uns zum Leben.

Das Wandergestirn Saturn gilt seit Jahrtausenden als »Hüter der Schwelle«. Es herrscht über die Zeit, zeigt dem Menschen die Begrenzungen des irdischen Lebens auf und entwickelt seine geistige Reife für die Überschreitung der Grenze zur spirituellen Welt. Dort berührt es die Seele der Menschen, inspiriert und öffnet sie, damit wir wieder unsere himmlische Natur entdecken und verwirklichen.

Unglück, Armut, Knechtschaft, chronische Erkrankungen, Furcht, Melancholie, Einsamkeit und alle anderen Arten von Leiden sollen durch Saturn gefördert werden, weshalb er oft fälschlicherweise mit negativer Energie in Verbindung gebracht wird. Tatsächlich aber hilft er den Menschen, alle diese Erlebnisse anzuschauen, Kräfte daraus zu entwickeln und so Meister ihres Schicksals zu werden. Er lehrt uns, dass sehr viel Unbehagen auch durch übermäßiges Verharren in der Vergangenheit angerichtet wird, was uns in eine abwärtsgerichtete Gedankenspirale bringt. Die Worte »Wer in der Vergangenheit lebt, verpasst die Zukunft« beschreiben sehr treffend, dass man mental stirbt, wenn man häufig bereits Geschehenem nachhängt und schönen Dingen, die einen mit Leben erfüllen, keinen Platz einräumt. So bringen sich viele Menschen um eine erfüllte und erlebnisreiche Gegenwart und Zukunft.

Als Hüter der Ordnung sorgt Saturn für ein Band zwischen den Generationen einer Familie oder auch eines Volkes. Handlungen, Wertvorstellungen und Einsichten der Eltern, Großeltern und vorangegangener Vorfahren beeinflussen das Schicksal der folgenden Generationen. Es ist also nicht begrenzt auf das eigene Leben, sondern entwickelt sich in der Familie und Sippe fort, es springt von einer Generation zur nächsten. So kann ein Volk auf dem geistigen und materiellen Erbe der Vorfahren genauso aufbauen wie die Söhne und Töchter einer Familie.

Viele denken dabei sofort an das hinterlassene Vermögen und was sie sich damit alles an materiellen Dingen leisten können. Tatsächlich wiegt das geistige Erbe viel mehr, es bedeutet mehr Fülle und Reichtum als das materielle. Letzteres kann so schnell verschwinden, wie es gekommen ist. Plötzlich, von einem Tag auf den anderen. Das geistige Erbe allerdings bleibt ein Leben lang, es kann dir niemand rauben, es ist nicht greifbar, nicht sichtbar für die anderen, aber immer vorhanden. Es begleitet dich durch das ganze Leben und formt dein Schicksal mit. Saturn wird dir bei dieser Erkenntnis helfen und dich lenken, wenn du in Versuchung gerätst, dein geistiges Erbe zu vergessen.

Schon in der Bibel heißt es: »Was du säst, wirst du ernten.« Das Symbol Saturns, die Sichel beziehungsweise die Sense, steht für diesen

Satz. Mit der Sichel fährst du die Ernte ein, das Getreide, die Frucht, die du zuvor gesät hast, denn dein Schicksal setzt sich, wie bereits erwähnt, nicht nur aus unbeeinflussbaren Komponenten zusammen, sondern auch aus solchen, auf die du einen Zugriff hast. Letztgenannte sind die Früchte deiner Handlungen, die durch dein Wirken Form annehmen und deinen Lebensweg pflastern.

Die Sense steht für den Ablauf deiner irdischen Zeit, für Vergänglichkeit und Tod, der ebenso von Saturn verkörpert wird. Ist das Ende deiner Tage auf der Erde gekommen, so dienen die drei Schicksalsgöttinnen Saturn und durchschneiden deinen Lebensfaden. Dies ist der Moment, wenn mit dem letzten Atemzug und Seufzer die Seele und der Geistesleib den irdischen Körper verlassen und von anderen, menschengleichen und wohlgesinnten Geistwesen in Empfang genommen werden, um die Reise in die nächste Dimension anzutreten – wohlbehütet und mit einem faszinierenden Gefühl der Leichtigkeit, Geborgenheit und Sicherheit.

Die Saturnkräfte beflügeln deinen Geist, sie bereiten ihn für die Erlebnisse und Erfahrungen in der unsichtbaren Welt, der Anderswelt, vor. Saturn führt dich zu den atemberaubenden Galaxien und göttlichen Sphären, dem Wohnort deiner geistigen Helfer in jedem Moment deines Lebens. Sein symbolisches Metall ist das Blei. Trag immer ein kleines Stück davon in einer Tasche bei dir als zauberkräftigen Glücksbringer und sinnbildliche Arznei für langes Leben, gesundes Herz, starke Nerven sowie kräftige Knochen. Berufliche Ziele und Bestrebungen fördert Saturn ebenso wie die eigene Integrität und Wahrhaftigkeit. Er gibt den Menschen im irdischen Leben die notwendige kosmische Energie, um Dinge wieder zurück ins Lot, ins Gleichgewicht zu bringen. Er hilft uns dabei, unsere Illusionen zu durchschauen, wieder zum Wesentlichen zurückzukehren und dem Leben gegenüber die richtige Haltung zu finden, nicht gegen unser Unvermögen in gewissen Situationen anzukämpfen, sondern diese als unsere Grenzen zu respektieren.

Saturn lehrt uns, dass die wahren Geschenke des Lebens oft darin verborgen liegen, was wir für unser Unglück halten, und dass unsere Vorstellungen vom Glück oft ein Irrtum sind. Häufig verspüren wir Widerstände und Unannehmlichkeiten auf unserem Lebensweg, die uns zweifeln lassen und uns an die Grenzen unserer Fähigkeiten bringen. Erst nach der Überwindung all dieser Hürden erkennen wir, dass sie Hilfen waren, die wir brauchten, um zu unserem wahren Glück vorzustoßen. Es liegt tief in unserem Wesenskern verborgen, doch wenn wir es entdecken, ist es von ewiger Dauer und macht uns vollkommen unabhängig. Saturns Aufgabe besteht darin, dieses Glück zu hüten, damit es nicht in Gefahr gerät. Er achtet darauf, dass wir uns nicht zu weit davon entfernen.

Dieser göttliche Planet gilt nicht nur als Hüter des Schicksals, sondern auch als Bewahrer der Verantwortung für das eigene Handeln, der Ordnung des Lebens, des Rufs der inneren Stimme und der Schwelle zum Jenseits. So tauchen wir Menschen unter seiner Führung in das Reich der tiefen Erkenntnis ein und lernen, unser Leben wirklich zu leben und nicht zu verschwenden. Mit seiner Hilfe spüren wir am Ende unseres irdischen Daseins das Glück, den Reichtum unserer Möglichkeiten genutzt zu haben. So können wir glücklich und zufrieden in die nächste Dimension gleiten, wo schon neue Abenteuer auf uns warten.

Saturn schützt dich in allen Lebenslagen. – Begib dich in einer klaren Nacht mit einer Sternenkarte, Stift und Notizblock an einen dunklen Ort in der Natur und beobachte den Himmel. Als zweitgrößter Planet gehört Saturn zu den hellsten Gestirnen am Firmament. Schon beim flüchtigen Blick in den Nachthimmel kannst du ihn entdecken. Fokussiere ihn, er zieht dich in seinen Bann und schickt dir Impulse für dein zukünftiges Leben.

Gedanken formieren sich, Ideen entwickeln sich, und Emotionen tauchen auf. Sie laden dich ein auf eine abenteuerliche Reise durch die Welt deiner Träume, Sehnsüchte und geheimen Wünsche. Wenn du ihn anschaust, hört er den Ruf deiner Seele und kommt dir nahe. Du fällst in eine tiefe Meditation mit Saturn und der umgebenden Natur und lernst, deine verborgenen Lebensziele intuitiv zu erfassen.

Kosmischer Wissensspeicher – Gedächtnis des Weltgeschehens

Dein gesamtes Denken und Handeln bleiben für immer im Universum, im allumfassenden kosmischen Wissen bestehen. Für immer, es kann nie mehr ausradiert werden. Alles Gute und alles Schlechte ist notiert und kann jederzeit abgerufen werden.

Du kennst es noch aus deinen frühen Kindheitstagen, wenn du christlich erzogen wurdest. Es ist das goldene Buch, aus dem Nikolaus, der kinderfreundliche Bischof aus Myra, las, wo all deine Taten aufgeschrieben standen. Er wusste alles von dir, deshalb erging es dir auch so schlecht, wenn du vortreten musstest und er daraus vorlas. Was viele Erwachsene auch nicht wissen: Dieses goldene Buch steht symbolisch für das kosmische Wissen, das Gedächtnis des Universums, das für immer bestehen bleibt, es wird nie gelöscht. Das jeder abrufen kann, wenn er den spirituellen Weg eingeschlagen hat. So erhältst du Wissen, das jahrtausendealt ist und sogar als verschollen gilt. Du bekommst Zugang zum universellen Weltengedächtnis.

Seit jeher behaupten Menschen unterschiedlicher Kulturen, dass es einen kosmischen, allumfassenden Wissensspeicher gibt und jeder Einzelne als unverzichtbarer Baustein in einem unendlichen Sein ihn abrufen kann, wenn er den unbedingten Willen dazu entwickelt. Alles vergangene, gegenwärtige und zukünftige Geschehen der Menschheit, alles vergangene, gegenwärtige und zukünftige, naturwissenschaftliche Wissen sind ihren Erkenntnissen und Aussagen zufolge in einer Dimension jenseits der materiellen Welt gespeichert und stehen uns unbewusst jederzeit zur Verfügung.

Wie man dieses kosmische Wissen abrufen und nutzen kann, zeigen überzeugend zum Beispiel erfolgreiche systemische Familien- und Organisationsaufstellungen unter sachkundiger Anleitung. Dabei schlüpfen Personen für kurze Zeit in die Rolle ihnen wildfremder Menschen und erhalten so Zugang zu deren Gefühlen, Schicksalen und Verhaltensweisen. Darauf aufbauend können belastende Konflikte innerhalb einer Familie und mit längst verstorbenen Ahnen aufgedeckt und gelöst werden. Wichtige Informationen über unbewusste Zusammenhänge tauchen auf, und viele Phänomene wie belastende Eltern-Kind-Verhältnisse, schwierige Paarbeziehungen oder Burn-out-Syndrome lassen sich klären.

Mit den Aufstellungen gelingt es, Auswege aus Krisen in Beziehung, Beruf und Gesundheit zu finden, um anschließend wieder freier und glücklicher zu leben. So kannst du auch Antworten auf all deine ungelösten Fragen längst verstorbener Personen finden.

Suche, die Antwort wartet schon! Du hast Zugriff auf das gesamte Wissen der Menschheit. Du bist frei, du kannst es in jedem Augenblick abrufen. Alles Wissen ist gespeichert, es geht nichts verloren. Die Menschheit kann nichts verstecken, selbst die größte Lüge kommt irgendwann ans Licht.

Diesen Wissensspeicher kannst du jederzeit abrufen, wenn du es dir in einem Sessel bequem machst, auf dem Bett liegst oder draußen durch die Natur wanderst. Welche Situation möchtest du klären? Was bereitet dir darüber immer noch Sorgen? Was genau lässt dich dabei stutzig werden?

Denk darüber nach, welche Informationen du darüber besitzt. Gibt es Auskunftsstellen, Bücher, Zeitschriften oder Menschen, die du befragen kannst? Je mehr du dich mit diesem Problem befasst, desto klarer wird dir die Lösung.

Wichtig dabei ist, dass du ganz ohne Wut und Hass an die Sache herangehst, denn diese Emotionen würden dich fehlleiten und immer mehr von der Lösung entfernen. Versuche wie eine unbefangene Person, zum Beispiel wie ein gut recherchierender, möglichst objektiver Journalist, Auskünfte einzuholen und großartige Entdeckungen zu machen. Wie die Mystiker vor Tausenden von Jahren wirst du in der Lage sein, dich durch die Windungen und Schichten der Zeit zu bewegen, sie zu durchdringen. Anknüpfend an frühere Formen kollektiver Erinnerung kannst du so zu dem universellen Menschheitsgedächtnis vorstoßen, die Türen zum Göttlichen in dir selbst weit öffnen und die Ursachen deiner schicksalhaften Begegnungen anschauen.

Durch diese Formen der Meditation gelangen wir wieder zu dem Wissen, das in der sagenumwobenen Bibliothek von Alexandria, dem Zentrum des Wissens, des Geistes und der Literatur in der antiken Welt, beherbergt war. Sie war die kostbarste Schatzkammer unermesslicher menschlicher Intelligenz, durch einen Brand scheinbar für immer vernichtet. Heute erkennen wir, dass dieses Wissen im kosmischen Speicher abrufbar ist, wenn wir bereit und reif dafür sind. Wir erhalten einen einzigartigen Einblick in unser Schicksal, unsere Vergangenheit und Zukunft. Alles, was wir dazu brauchen, sind ein wacher Geist und eine empfangsbereite Seele.

Palmblattbibliotheken – Schicksalsbibliotheken

In Indien, Sri Lanka, Myanmar und auf Bali gehören die Palmblatt- oder Schicksalsbibliotheken seit jeher zum Alltag. Dem spannenden Mythos nach sollen sie die Lebensgeschichten von mehreren Millionen Menschen aufbewahren. Alle, die das Schicksal dorthin führt, sollen Informationen über ihre vergangenen Leben, gegenwärtige Inkarnation und zukünftige Verkörperungen auf der Erde enthalten. Die Palmblätter geben Wissen über Gesundheit, Partnerschaft, Familie und Charaktereigenschaften preis, sprechen verborgene Talente und Fähigkeiten an und gehen auf die Aufgaben des eigenen Lebens ein. Angaben über Geburtsdatum, Geburtszeit und Geburtsland reichen aus oder manchmal sogar nur ein Daumenabdruck, um jenes Palmblatt zu erhalten, das dem Besucher persönlich entspricht.

Ein hellsichtiger Palmblattleser übersetzt die Inschriften in einer uralten Tradition des sogenannten Nadi-Readings. Die übersinnliche Wahrnehmung dieses Priesters ermöglicht es dem Ratsuchenden, mithilfe des Schicksalsmanuskriptes vieles über sein Wesen und seine unendliche Existenz im Universum erkennen zu können. Er erfährt, welche Ereignisse aus diesem oder aus früheren Leben seine Natur und sein Wesen geprägt haben. Das eigene Unterbewusstsein wird sodann den Pfad aufzeigen, wie das Gelesene umgesetzt werden soll. Die konkreten sowie treffenden Aussagen über Persönlichkeit, Vergangenheit, derzeitige Situation und Entwicklungchancen in der Zukunft erstaunen und überwältigen jeden Besucher. Für viele bedeuten diese Auskünfte einen Schlüssel zu den Geheimnissen der eigenen Existenz, um die ersehnte Ruhe zu finden, die momentane Situation zu verstehen und die Zukunft aktiv mitzugestalten.

Wer den Inhalt seines Palmblattes kennt, erlebt faszinierende Reisen in die Vergangenheit und Zukunft seines Seins und kann besser den Sinn seiner eigenen Existenz verstehen. Diese Schicksalsblätter sollen vor über 7000 Jahren von sieben hinduistischen Priestern und mythischen Weisen aus der kosmischen Akasha-Chronik, einem übersinnlichen Buch über das allumfassende Weltgedächtnis, herausgelesen und auf den schmalen getrockneten Blättern der Stechpalme in Sanskrit oder Alt-Tamil niedergeschrieben worden sein. Es heißt, auf dem ausgehändigten Blatt sei das gesamte Leben der suchenden Person festgehalten.

Nicht für jeden Menschen liegt ein Palmblatt bereit, sondern nur für diejenigen, die das Schicksal zur Bibliothek geführt hat, beziehungsweise für solche, denen dieses Blatt in diesem Leben weiterhelfen soll. Jeder, der sein Palmblatt in Händen hält, ahnt die Existenz einer größeren Kraft. Er beginnt zu spüren, dass diese Energie ihn durch alle Höhen und Tiefen des eigenen Lebens trägt, und gewinnt einen geistigen Zugang zum spirituellen Licht, übersinnlicher Liebe und schöpferischer Kraft.

Diese sieben Weisen und Seher des antiken Indien haben nicht nur die Schicksale einzelner Menschen aufgezeichnet. Sie hinterließen gleichzeitig atemberaubende Aufzeichnungen über die Geschichte der Menschheit, beschrieben die Probleme der Gegenwart und die zukünftige Entwicklung auf diesem Planeten. Sie trafen damit Vorhersagen über die Wunder, Geheimnisse und ungelösten Rätsel des gesamten Weltgeschehens, das die persönlichen Schicksale aller Menschen in jedem Moment tiefgreifend beeinflusst. Die Palmblätter helfen, dass wir uns immer weiter für die Geheimnisse der Schöpfung öffnen, in ihrer Mystik die Lieder unserer Seele hören und den Gesang der Natur verstehen. Denn sie flüstern uns das Echo unserer Vergangenheit zu und lassen uns den Stimmen der Zukunft lauschen.

GEHEIME ZEICHEN DER ANDERSWELT

Warum triffst du immer wieder auf die gleiche Art Mensch, obwohl du dich nach ganz anderen Begegnungen sehnst? Warum passiert dir stets aufs Neue das gleiche Missgeschick? Warum spürst du an bestimmten Orten Harmonie und Glück? Wiederholt tauchen Momente auf, die wir uns nicht erklären können. Aus dem Nichts erscheinen plötzlich Menschen, die unser zweites Ich widerspiegeln, als würden wir uns schon ewig kennen. Genauso erfahren wir, dass es besser gewesen wäre, wenn wir unserem Gefühl und unseren intuitiven Gedanken gefolgt wären, statt einer verstandesorientierten Entscheidung den Vorrang einzuräumen. Sind dies etwa alles Zeichen aus einer unsichtbaren Welt?

Wiederkehrende Abläufe

Als gäbe es einen Fluch: In vielen Lebenssituationen begegnen wir ständig wiederkehrenden Mustern, unglückliche Ereignisse häufen sich, und es kommt immer wieder zu den gleichen Fehlern. Warum tauchen in jedem Unternehmen wiederholt identische berufliche Probleme nach kurzer Zeit auf, obwohl es doch anfangs so gut lief? Wieso geraten wir stets an Lebenspartner, die uns nicht guttun? Könnte ein System dahinterstecken? Ein kosmischer Code, der uns mit Vehemenz etwas beweisen möchte?

Die Antwort lautet: »Ja!« Wir kommen mit einer bestimmten Programmierung auf diese Welt, mit einem Denkmuster, das es zu entwickeln gilt, zu reifen, zu lernen und zu vervollkommnen. Wir tragen einen unbewussten Vorentwurf für unser Leben in unserem Innern. Unsere Vorfahren sprachen wie gesagt vom Hauch der Schicksalsgöttinnen, der uns verfolgt. Im Guten wie im Schlechten. Wir sehen ein inneres Bild mit unserem »Dritten Auge« (dazu später mehr), wie wir zu sein scheinen und wie unser Leben verlaufen wird. Es betrifft die Partnerwahl, den beruflichen Werdegang, persönliche Freiheiten, Lebensziele sowie das Scheitern.

Betreibe Ahnenforschung: Wie lebten deine Großeltern oder Urgroßeltern? Gab es einschneidende Schicksalsschläge? Was waren die Gründe? Oft zeigen sich Parallelen zum eigenen Leben, was häufig ähnliche Verhaltensmuster sind, die durch Erziehung und Traditionen weitergegeben wurden. Überlieferte Gedanken und Einstellungen über das Leben können sogar zu gleichen Krankheiten führen, die oftmals als Erbkrankheiten erklärt werden, obwohl es nur das gleiche Verhaltensmuster ist, das weitergeben wird und dann die gleichen Erkrankungen zur Folge hat. Der Volksmund spricht hier gern von einem Fluch, wenn eine Familie immer wieder das gleiche Schicksal ereilt.

Erstaunlicherweise kann man die Probleme der verstorbenen Vorfahren im eigenen Leben und damit jetzt in der Gegenwart bewältigen. Ein Gedankenblitz, eine Seite in einem Buch, ein Hinweis durch ein Gespräch und mysteriöse »Zufälle« können aus dem Nichts heraus plötzlich das Geheimnis um nicht erklärbare schicksalhafte sowie belastende Familienprobleme lösen. Diese Lösungen können zu einem lang ersehnten, entspannten Familienleben beitragen, wenn Familienmitglieder aus der Vergangenheit ihrer Eltern selbst sehr stark leiden. Diese entwickeln sich zu Stärken und Schwächen, je nachdem, welche Anforderungen im vorherrschenden Gesellschaftssystem gerade aktuell sind.

In all diesem Wirrwarr gilt es nun, sich zurechtzufinden, Wege zu entdecken, um sich entfalten zu können, das eigene Ich zu leben. Neben den Mustern, die man schon mit auf diese Erde bringt, geraten wir durch Geburt in familiäre Schablonen, aus denen wir scheinbar keinen Ausweg finden. Ohne dass wir dies bewusst wahrnehmen, prägen diese Blaupausen unser Leben. Sie bestimmen unser Schicksal bis zu diesem Punkt, an dem wir aufwachen. Es sind jene wiederkehrenden Erlebnisse, immer wieder und immer wieder, die uns der Himmel schickt, bis wir verstehen, dass es an uns liegt, nicht an den anderen, die wir dafür oft verurteilen, weil sie uns vermeintlich schöne Jahre unseres Lebens gestohlen haben. Wir sollen erkennen, dass wir etwas ändern müssen. Oft umgeben wir uns mit einem falschen Umfeld, suchen uns Freunde nach gesellschaftlichen Vorstellungen, nicht aber nach unseren persönlichen Bedürfnissen. Wir wählen Berufe, die uns Anerkennung, Respekt und Bewunderung verschaffen, nicht aber Erfüllung, Lebensfreude und Lebensglück. Diese Verhaltensmuster, oder nennen wir sie Drehbücher des Lebens, können uns im ungünstigsten

Fall in den Tod treiben, weil wir uns nie getraut haben, eine Grenze zu ziehen, noch einmal neu anzufangen und die vergangenen Jahre einfach hinter uns zu lassen.

Erkennst du erst mal diese Muster, dann ist es oft ganz leicht, auszusteigen, viele Hindernisse zu überwinden und eine magische Reise ins Ich zu starten, voller Entwicklungen, Einsichten, Erkenntnisse und Abenteuer. Zu spät ist es niemals, jeder Moment ist der richtige, es gibt keine verlorene Zeit, alles geschieht zum richtigen Zeitpunkt, die Zeit davor haben wir für diese wunderbare Entwicklung und geistige Reife gebraucht. Sobald wir neu durchstarten, verschwinden diese belastenden immer wieder auftauchenden Abläufe, das daraus resultierende negative Lebensgefühl löst sich auf, und alles fühlt sich plötzlich so fantastisch an, als wäre es nie anders gewesen.

Beginne jetzt gegen dein problematisches Lebensskript zu verstoßen, und fang an Dinge zu tun, die du noch nie getan hast. Damit schlägst du einen neuen Weg ein, der dich mit neuen Leuten in Kontakt bringt, mit unbekannten Ideen und Sichtweisen. Fulminante Impulse für zahllose Möglichkeiten tauchen auf, neue Bilder vor deinem geistigen Auge und fantastische Pfade zeigen sich. Gespannt wirst du dein neues Leben kaum erwarten können, wenn du nach den neu sichtbaren Sternen greifst. Suche neue Ausflugsziele, neue Straßencafés, buche eine Reise in ein Land, das dir unbekannt ist, auf Gruppenreisen lernt man inspirierende Leute kennen. Wechsle deine Arbeitsstelle, wenn du nicht glücklich bist, oder versuch's mal mit einer Selbstständigkeit, wenn du mit keinem Chef zurechtkommst. Diese ewigen Konflikte mit ihm könnten beispielsweise ein Zeichen dafür sein, sein eigener Chef zu werden, eine eigene Firma zu gründen und dadurch wesentlich mehr Lebensqualität zu gewinnen.

Warum folgt der Mensch immer wieder den gleichen Verhaltensmustern, auch wenn sie ihn erfahrungsgemäß jedes Mal in eine Sackgasse führen? Der Schlüssel liegt in der einseitigen Wahrnehmung der Wirklichkeit: Wir erfassen selektiv immer das, was wir schon kennen. Das Unbekannte wird ignoriert, ausgeblendet und unterdrückt. Einmal erlernte Muster werden zu vertrauten Partnern, die einem angeblich als sogenannte Lebenserfahrung in jeder Situation beratend zur Seite stehen. Diese Muster führen allerdings auch dazu, dass wir selbst quälende und destruktive Verhaltens- und Denkweisen wiederholen, festigen und aufrechterhalten, die unser Schicksal im negativen Sinne beeinflussen.

Erst wenn wir bereit sind, aus diesen Wiederholungen zu lernen, werden sie sich von ganz allein auflösen. Jede Wiederkehr birgt ein Geheimnis, das es zu entdecken gilt. Es hält uns einen ganz bestimmten Sachverhalt, ein ungelöstes Problem immer wieder vor Augen, bis wir bereit sind, es anzuschauen. Was wiederholt sich da? Was soll ich mir ansehen? Was habe ich die ganze Zeit verdrängt?

Urplötzlich fallen uns Alternativen ein, mit denen wir diese schicksalhafte Aufgabenstellung bewältigen können. Offenbar, wie aus dem Nichts, fällt es uns wie Schuppen von den Augen. Die Lösung erscheint plötzlich so einfach. In all der Zeit, die wir zum Ausblenden gewisser Probleme genutzt haben, arbeitete unser Unterbewusstsein ständig daran. Es betrachtete verschiedenste Varianten zur Lösung, schaute sich das Problem von den unterschiedlichsten Blickwinkeln an, feilte daran; und als es eine annähernd perfekte Lösung zur Hand hatte, veranlasste es eine erneute Wiederkehr dieser Umstände, um die Lösung endlich herbeizuführen.

So sorgen wiederholende Verhaltensmuster für eine Weiterentwicklung unseres Geistes, für mehr Kommunikation mit unserer inneren Stimme, die sich unaufhörlich mit uns unterhält. Besonders in nächtlichen Träumen können wir ihre Wünsche erfahren, wenn wir tagsüber zu abgelenkt sind oder sie beflissentlich überhören. Im tiefen nächtlichen Schlaf fesselt sie uns an sich, spricht mit sanfter Stimme zu uns, versucht uns zu inspirieren, damit wir unsere himmlische Natur entdecken und sie verwirklichen.

Damit wir daraus lernen mögen, wiederholen sich bestimmte Situationen im Leben immer und immer wieder. So lange, bis wir unsere Lehren daraus gezogen haben. Wissenschaftlich betrachtet folgen wir damit dem Gesetz der Anziehung, dem wir nicht entrinnen können. Spirituell betrachtet liefert uns das Universum immer wiederkehrende Ereignisse in leicht abgeänderter Form so lange, bis wir reif und erfahren genug sind, diese in Diamanten des Lebens zu verwandeln, um auf eine höhere Bewusstseinsebene zu gelangen, auf der wir die Früchte unserer Entwicklung ernten können.

Oftmals scheinen wir daran zu zerbrechen, aber das Gefühl der Belohnung fällt umso intensiver aus, je mehr wir herausgefordert wurden. »Nicht aufgeben«, lautet die Devise, »egal, was kommt.« Es sind die Herausforderungen einer höheren Macht, die uns lenkt, die uns niemals Aufgaben erteilt, denen wir nicht gewachsen sind. Sie können uns sogar an den Rand des Wahnsinns bringen, verbunden mit einer Beendigung des eigenen Lebens. Zwingen uns solche häufig als sehr grausam empfundenen Erfahrungen nicht dazu, endlich unseren Lebensweg zu überdenken, ihm eine neue Richtung zu geben, um die Schätze des irdischen Seins zu genießen?

Nichts ist »alternativlos«, dieses sehr manipulative Adjektiv steht dem wahren Leben entgegen. Es wurde geschaffen von einem schlechten Geist, der uns beeinflussen und verführen möchte. Nennen wir es »Luzifers Verführung«, die uns den Balken im Auge schafft, damit wir nicht mehr geistig sehen können. Tatsächlich besteht das Leben aus unendlich vielen Möglichkeiten, sobald wir bereit sind, diese zu sehen, zu ergreifen und zu leben. Das Leben ist gut, doch Selbstzweifel führen uns gelegentlich in Bahnen, an deren Ende das Schlechte auf uns wartet. So scheint das Schlechte auch einen Sinn zu besitzen, denn daraus erwächst die Erkenntnis für das Gute, das Glück, das stetig auf uns wartet und immer dann begegnet, wenn wir die Selbstzweifel aufgeben und unsere geheimnisvolle Einmaligkeit und zauberhafte Einzigartigkeit im Universum erkennen.

Welche unangenehmen Situationen begegnen dir immer wieder? Was hast du vorher unternommen und welche Gedanken führten dich zu dieser Handlung? Welche Aktivitäten hast du unterlassen, um diese Begebenheit dann zu vermeiden?

Solche Fragen spüren Informationen auf, sie gehen Spuren nach und vervollständigen ein Bild über unser Mitwirken an den wiederkehrenden Mustern, die wir doch so gern vermieden hätten. Mit Ehrlichkeit, Eigenverantwortung und Mut erreichen wir auf diese Weise den goldenen Weg zur Auflösung dieser stetig wiederkehrenden Drehbücher. Ausreden und Schuldzuweisungen an andere Personen helfen uns nicht weiter. Ganz im Gegenteil, sie führen zur erneuten Wiederholung. So lange, bis wir bereit sind, der Wahrheit ins Auge zu sehen.

Das kann mitunter auch viele peinliche Momente in Erinnerung bringen, die wir doch so gern für ewig aus unserem Gedächtnis gestrichen hätten. Je öfter und intensiver wir uns mit diesen Mustern beschäftigen, desto mehr Impulse, Ideen und vor allen Dingen auch sehr gute Tipps aus der geistigen Welt helfen uns weiter. Man unterschätze nie die Hilfe unserer Ahnen und der geistigen Führung des Universums. Sogar das Singen eines Vogels, der Duft des Waldes oder einer Blume können uns als Impulsgeber großartiger Lösungsbotschaften zur Seite stehen. Sie liefern bei der Rekonstruktion unserer Lebensskripte wertvollen seelischen Beistand, der uns schon bald den Ursprung und die Quelle der vielen Ursachen unserer fortlaufend belastenden Schicksalsmomente erahnen lässt.

Diese hängen oftmals mit traumatischen Erlebnissen zusammen, die wir in Verbindung mit Menschen in unserem Umfeld oder fremden Personen erlebt und empfunden haben. Daher bauen die Leidtragenden in der Regel Rachegelüste gegenüber einer beschuldigten Person auf. In ihrem Stolz interpretieren sie deren Verhalten als Unverschämtheit, Charakterlosigkeit und kultivieren ihre Wut mit unflätigen Beleidigungen. Sie wollen »Gerechtigkeit« und wünschen sich, dass diese Leute bestraft und gedemütigt nach Gnade winseln und um Vergebung flehen würden.

Mit solchen negativen Gedanken ständig konfrontiert, verlieren sie leider sehr viel Lebensqualität. Erst wenn sie erkennen, dass es im Leben oftmals nicht um Gerechtigkeit geht, sondern um Aussöhnung, werden sie wieder frei und unbekümmert atmen können. Einmal zur ultimativen Erkenntnis gelangt, lösen sich alle bearbeiteten problematischen Lebensentwürfe wie von einer unsichtbaren Hand gelenkt sofort auf, und das langersehnte Gefühl der Erleichterung durchdringt unseren gesamten Körper. Eine lang verborgene Lebenskraft entspringt aus unserer inneren Schatzkammer und veredelt unser Schicksal um eine ganz besonders kostbare Erfahrung.

Auf den Spuren der Intuition

Bauchgefühl, Geistesblitz, innere Anschauung, gefühltes Wissen, Ahnung, übersinnliche Informationen, sechster Sinn und noch vieles mehr: Intuition hat jeder Mensch. Doch woher kommt sie? Der Körper scheint als übersinnliche Antenne für Informationen aus einer nicht sichtbaren Welt zu dienen. Diese ermöglicht das innere Wissen, die innere Stimme, das innere Fühlen. Fühlt sich etwas gut an und erzeugt es Freude, dann ist es der richtige Weg. Durchdringt wie ein Blitz ein ungutes Gefühl den Körper und schlägt das vielleicht noch zusätzlich in die Magengrube ein, sollte man immer die Finger von einem geplanten Vorhaben lassen. Die Warnung ist spürbar, du solltest diesem Zeichen folgen und einen anderen Pfad einschlagen.

Die Aura – das subtile Energiefeld – eines Menschen ist ebenso spürbar, wenn er sich dir nähert. Oftmals kannst du dir nicht erklären, warum du solch ein ungutes Gefühl in seiner Nähe hast. Es kann ein ganz freundliches Gespräch sein, und doch scheint etwas nicht zu stimmen. Du kannst es nicht begründen, doch es fühlt sich nicht gut an. Hier melden sich deine Erfahrungen, die du in diesem oder einem anderen Dasein erlebt hast. Sie tauchen blitzschnell auf und deuten an, diesen Kontakt besser nicht zu pflegen. Vertrau darauf, dein gesamter Erfahrungsschatz und die geistigen Warnungen deiner Eltern, Großeltern und deren Ahnen warnen dich in solchen Situationen.

Den richtigen Kurs im Leben finden – dazu brauchen Menschen einen inneren Kompass, der ihnen hilft, der eigenen inneren Stimme zu folgen. Das schönste und ergreifendste unserer Gefühle ist die Empfindung des Mystischen, diese Empfindung ist die treibende Kraft hinter jeder wahren Wissenschaft. Sie ist eine Autorität, die uns zwar nicht zu etwas zwingt, die uns aber auffordert, sie ist dein wahres Wesen, das Herz deiner Wirklichkeit, die göttliche Stimme, der Wegweiser deiner Bestimmung, die dir selbst, der Gesellschaft und dem ganzen Kosmos dient. Sie ist eine Orientierungshilfe in unserem Leben. Man muss in der Natur fühlen, lesen, spüren und wahrnehmen lernen, Intuition kann man nur geschehen lassen, sie kann man nicht planen oder erzwingen, sie kommt dann, wenn die Quelle der allmächtigen Schöpfung es zulässt, sie kommt plötzlich völlig ungeplant aus dem Nichts, einfach so, der Ort spielt dabei keine Rolle.

Finde deine ursprünglichen Wünsche, die du als Kind besonders häufig gespürt hast, als du noch frei von vielen Zwängen und Einflüssen warst und noch kaum die gesellschaftlichen

Vorstellungen verinnerlicht hattest. Finde den Mut, diese Urwünsche, die du mit auf diese Erde gebracht hast, endlich umzusetzen, denn das ist der Schlüssel zu deinem Glück, der die Pforten zur Verwirklichung deiner Träume öffnet. Deine verborgenen Fähigkeiten werden wieder an die Oberfläche gelangen, begib dich auf die Reise und entdecke deine Talente, entdecke, wer du wirklich bist.

Intuition ist die Berührung mit dem inneren Wissen, einer Erkenntnis, die du in dir trägst und die dir vertraut vorkommt. Sie ist dein roter Faden durch dein Leben, dein Mitwanderer und Schicksalsfaden, der mit einer höheren Kraft verbunden scheint und dir hilft, die richtigen Entscheidungen zu treffen, deine Bestimmung zu finden und dieser zu folgen.

Genius Loci – der Geist deiner Umgebung

Landschaften können das Wesen eines Menschen prägen und seine Emotionalität bestimmen. Manche Orte sind uns vertraut, andere machen uns ernst und wehmütig, wieder andere geben uns ein Gefühl von Geborgenheit und innerem Frieden oder auch von Sehnsucht und Aufbruchsstimmung. Sie beeinflussen somit unsere Handlungen, bestimmen, wie und wo wir unser Leben verbringen, und wirken stark auf unser Schicksal ein.

Schwingung, Energie, Stimmung – wenn wir einen Ort betreten, dann spüren wir den besonderen Geist, der ihm innewohnt, der die Seele verzaubert und die Landschaft in ein magisches Erlebnis verwandelt. Er füllt die Atmosphäre eines Ortes mit Leben und erzählt von den Göttern und Naturwesen (Elfen, Feen und Zwergen), die dort vor langer Zeit weilten und deren Energien noch heute spürbar sind. Er ist der Schutzgott eines Ortes, der auch in erheblichem Maße die Menschen und deren Schicksal prägt. Er begleitet sie durch ihr gesamtes Leben, auch wenn sie irgendwann den Ort verlassen, um anderswo zu wohnen. Er zeigt sich uns am intensivsten, wenn wir an einen Ort kommen, der uns auf Anhieb gefällt und uns zu längerem Verweilen einlädt.

Die moderne Sprache nennt ihn »Ortscharakter«, denn die Bezeichnung »Genius Loci« oder »Ortsgeist« scheint heute nicht sehr populär zu sein und hat in den letzten Jahren an Bedeutung verloren. Er klingt für viele eher nach Hokuspokus, obwohl auch sie diese Kraft und Aura spüren und wahrnehmen. Immer mehr Menschen empfinden in letzter Zeit wieder örtliche Besonderheiten, Eigenheiten und das einzigartige Wesen von Landschaften und Siedlungen. Er, der Ortssinn, tritt wieder deutlicher hervor, der Geist, die Energie und Kraft der Gegend, in der man sich aufhält. Als Antwort auf diese Rückbesinnung verbessert sich das Lebensgefühl. Harmonie, Ruhe und Geborgenheit verschmelzen miteinander und durchfluten die Menschen, geben ihnen Halt, Vertrauen und Stärke.

Ortsgeister spielten jahrtausendelang eine zentrale Rolle bei den Völkern aller Kulturen. Üblicherweise baute man ihnen zu Ehren Tempel, richtete Feiertage ein und huldigte ihnen mit öffentlichen Opfern und festlichen Veranstaltungen. Es wurden sogar Weihesteine aufgestellt und preisende Inschriften an die unterschiedlichsten Ortsgeister eingelassen. Alle Orte haben ihren eigenen Genius: Steine, Bäume, Gewässer, Felsen, Sträucher, Brücken, Häuser, Burgen, Schlösser, Räume, Wege, Blumen, Berge, Wüsten, Meere – einfach alles.

Diese unsichtbaren, geistigen Wesen wurden auch symbolisch als Schlange dargestellt, die in vorchristlichen Zeiten als Verbindungsglied zwischen den göttlichen Sphären und der Erde, der Welt der Menschen, stand. Sie symbolisiert Weisheit, Wissen und Schutz und ist das heilige Tier des Gottes der Heilkunst Asklepios alias Äskulap. Wir kennen ihn alle in Verbindung mit seinem Stab, dem Äskulapstab, der von einer Schlange umschlungen ist und seit alters als Wahrzeichen der Apotheker und Ärzte dient. Mit der Schlange soll die göttliche Heilkraft auf die berufenen Mediziner übergehen, die mit den Pflanzengeistern der Umgebung die Selbstheilungskräfte der Patienten aktivieren mögen.

Die Präsenz des unsichtbaren Genius Loci veredelt die magische Atmosphäre des Ambientes, mit dessen Hauch wir den Schatz der Selbsterfahrung, der Selbsterkenntnis und des Sinns in unserem Leben heben können. Um diesen Geist zu spüren oder gar zu erkennen, braucht es eine gewisse Sensibilität, Muße und Zeit. Drei Eigenschaften, die den Menschen zuteilwerden, wenn sie sich wieder mehr auf ihren Ursprung besinnen und sich auf den spirituellen Weg begeben.

Vorbei an mystischen Weißdorn- und Schlehenhecken, den Grenzen zwischen dem Diesseits und dem Jenseits, entdeckt der Wanderer in den Tiefen der Wälder den Zugang einer geheimnisvollen Welt, spürt den Genius Loci als stets begleitende Kraft in jedem Augenblick. Für die Kommunikation mit ihm sind folgende Fragen sehr hilfreich:

- In welche Himmelsrichtung schaue ich?
- Wie heißen die Pflanzen, die um mein Haus wachsen?
- Welches Kraut bahnt sich seinen Weg durch den Asphalt vor meinen Augen?
- Welcher Vogel singt gerade?

All diese Fragen führen zur spirituellen Wahrnehmung unserer Umgebung. Sie nehmen dich mit auf eine Reise in das übersinnliche Reich aller unsichtbaren Wesen und geistigen Eingebungen. Wo läuft der Bach entlang, den du gerade plätschern hörst? Nimm das kristallklare Wasser mit für deine Blumen in der Vase zu Hause oder für den Strauß, den du noch auf der Wiese sammeln möchtest, denn das atemberaubende Rauschen dieses kühlen Nass weckt die Lebensgeister und öffnet uns die Sinne und Herzen für die tiefgreifende Botschaft von Worten, Gedanken und Gefühlen.

Welche Kieselsteine liegen vor deiner Haustür oder begegnen dir auf deinen Streifzügen entlang reich bewachsener Wildkräuterstreifen neben Bächen und Flüssen? Nimm einige Steine mit und besorge dir Ratgeber über das Gestein in deiner Heimat. Sie lüften Millionen Jahre alte Geheimnisse über lang vergangene Zeiten, lange, bevor Dinosaurier die Erde bevölkerten. Sie alle erzählen eine eigene Geschichte und wecken in dir Gefühle der Neugierde und Bewunderung. Sie verbinden dich mit dem Ort, an dem du dich gerade aufhältst, und bringen ewig verborgene Mysterien deiner Umgebung hervor. Besorge dir Bücher über Sagen und Legenden deines Wohnortes, sie sprechen von alten Erscheinungen und heiligen Stätten, die du noch nie zuvor entdeckt hast. Besuch diese Orte, setz dich auf eine mitgebrachte

Matte, eine Bank in der Nähe oder einfach nur ins Gras. Schließ die Augen, atme tief durch. Denk an all diese mystischen Dinge in deiner nahen Umgebung und spüre, wie sie vor deinem geistigen Auge lebendig werden und dir von Weisheiten des Lebens erzählen, die mit deinen Erfahrungen und Erlebnissen in Verbindung stehen. Sie beantworten Fragen, die schon immer tief in deinem Inneren verborgen lagen.

Eine solche Erforschung deiner Wohnstätte kommt einer Schatzsuche gleich, die die Magie deines Lebens offenbart und dich auf faszinierende Weise mit der Natur verschmelzen lässt. Die Umgebung beeinflusst deine Art zu leben, zu denken und zu handeln. Sie bestimmt die Gestaltung deines Tagesablaufs und hält Einzug in deine Wohnung in Form der mitgebrachten Fundstücke von deinen Wanderungen. Sie bestimmt deine Vorlieben, Gewohnheiten, Träume und Gedanken. Der neu hervorspringende Geist deiner Umgebung verankert dich immer tiefer mit der Natur. Ein Gefühl von Zugehörigkeit, Geborgenheit und Heimat breitet sich in deinem Inneren aus. Es verbindet dich mit der Natur draußen unter dem blauen Himmelsgewölbe und ist dir vertraut aus einer längst vergangenen Zeit, an die du dich nur bruchstückhaft erinnern kannst. Sie scheint nicht mit deinem derzeitigen Leben verbunden zu sein, sondern in lange vergangenen Epochen der Menschheitsgeschichte zu liegen. Von damals rührt das Gefühl für die bunten Schmetterlinge in der warmen Frühlingssonne, das Rauschen der Wälder und wilden Bäche und die Begeisterung für tobende Stürme, wild prasselnden Regen und weiße, geheimnisvolle Nebelschleier in der mystischen Natur. Eine heilsame Verbindung mit den Geheimnissen der Region stellt sich ein, unentdeckte Pfade führen dich zu abenteuerlichen Forschungsreisen durch dunkle, würzig duftende Wälder und über honigsüß riechende Wiesen.

Je länger du dich mit der Umgebung beschäftigst, die dich umgibt, desto intensiver tritt ihr Geist zum Vorschein. Alle einzelnen Teile einer Landschaft sprechen zu dir, und oft dauert es Jahre, bis du ihre Botschaften, ihre Seele verstehst. Lausche den Bäumen, Kräutern, Steinen und Tieren in der Stille der erwachenden Morgenstunden oder wenn sich der Tag zur Ruhe legt in der Abenddämmerung, denn dann fangen sie an zu sprechen: Ameisen, Käfer, Bienen und manchmal auch eine Elfe. Sie raunen dir die geheimen Botschaften der Landschaft zu. Unsichtbare und nie erloschene Erinnerungen aus fernen Zeiten, die immer noch an diesem Ort haften, erwachen zu neuem Leben, wenn du reif und bereit dazu bist, ihnen zu lauschen. Im Einklang mit den Jahreszeiten entfaltet der Geist der Landschaft in deinem Innern intensivste magische Kräfte, die sich immer wieder mit frisch inspirierenden, zauberhaften und neuen, geheimnisvollen Energieströmen zeigen.

In der Frühlingssonne singen die ersten Vögel nach einem langen Winter, aus allen Zweigen dringen Blüten, und neues Leben erwacht in der ganzen Natur. Die nach Leben dürstende Frühlingsluft lockt nach draußen und gibt dem Schicksal einen neuen Schub. Die zarten honigsüßen Düfte der Sommerblumen durchdringen die Lüfte mit kosmischen Botschaften. Die zu Boden fallenden Blätter im Herbst verwandeln jeden Ort in einen Kraftplatz, einen Ort des Übergangs und der geistigen Empfängnis für Nachrichten der stets begleitenden Kraft des Universums. Die Schneefälle im Winter verzaubern das ganze Land in eine magische Märchenlandschaft. Feine, zarte Flocken schweben in einer hypnotisierenden Ruhe auf die Erde und lassen unseren Geist in die tiefen, unsichtbaren Bereiche wandern. Sie machen ihn empfänglich für schicksalhafte Eingebungen. So tauchen in jeder Jahreszeit einprägende, inspirierende Bilder vor dem geistigen Auge auf und weisen neue Wege in eine vertrauensvolle und zuversichtliche Zukunft. Sie zeigen unser faszinierendes Los vor unserem geistigen Auge.

Wunder –
unfassbar und wahrhaftig

Gibt es Wunder in dieser Welt? Greift eine höhere Macht in unser Leben ein? Beweist das Unerklärliche die Existenz einer anderen Dimension? Erstaunliche Ereignisse auch in unseren Tagen legen nahe, dass die Zeit der Wunder keineswegs vorbei ist.

Wir sprechen von einem Wunder, wenn etwas Außergewöhnliches geschieht, das den Naturgesetzen oder der bisherigen Erfahrung zu widersprechen scheint. Es sind Vorgänge, die uns in Erstaunen versetzen, die wir nicht für möglich gehalten haben. Es gibt Menschen, die für Wunder offen sind und daher die Fähigkeit entwickeln, die Membran zwischen der sichtbaren und der unsichtbaren Welt durchlässig werden zu lassen und sich auf eine andere Wahrnehmungsstufe zu begeben.

Wunder dienen als Wegweiser, sich seinem wahren Wesen zu stellen, sein Schicksal als Abenteuer zu einer märchenhaften Reise zu sich selbst zu erkennen. Dabei streifen wir immer wieder die Grenzen einer göttlichen Sphäre, wo fantastische Dinge geschehen, die uns mit unsichtbaren Quellen der Schöpfung verbinden. Die Geburt eines Menschen, ein alltäglicher, hunderttausendfacher Vorgang auf der Welt, aber doch so einzigartig, ist solch ein Geschehen. Jede Geburt ist ein Wunder, eine Schöpfung und Verbindung mit jenseitigen Welten. Ohne eine göttliche Energie, unsichtbar und doch allgegenwärtig, wäre dieses Wunder niemals möglich.

Wunder geschehen jeden Moment, du musst sie nur sehen und deinen Blick dafür schärfen. Sie führen dich zu innerem Frieden, zu einem

Dasein, das *in* der Welt, aber nicht *von* der Welt ist. Die Überwindung schwerer, häufig jahrelanger Krankheiten, oft über Nacht verschwunden, gehören ebenfalls zu solchen Wundern. Diese Spontanheilungen, die aus deinem Inneren heraus geschehen, wehen dir einen Hauch der wunderbaren göttlichen Kraft zu, die in jedem verborgen ruht. Mit dem Glauben an eine allumfassende, nicht rational erklärbare Macht, dem Vertrauen auf sich selbst, der Rückbesinnung auf unser ureigenes Inneres und Mut zum Handeln sind solche Wunder durch uns selbst möglich, jederzeit, jeden Tag, einfach jeden Moment. So schaffen wir Kontakt zu den magischen Seiten unserer Welt.

Hätten sie nur einen Glauben groß wie ein Senfkorn gehabt, dann wäre die Veränderung geschehen, lautet es in der Bibel, dem großen Weisheitsbuch der Christenheit. Hätten sie also an Wunder geglaubt, dann hätte sich vieles zum Positiven verändert.

Wo erleben wir Wunder? Warum sehe ich keine Wunder? Nun, die Antwort ist ganz einfach. Wir können nicht im Außen auf die Suche nach Wundern gehen. Wir können sie nur in uns selbst entdecken, mit all unseren fünf Sinnen wahrnehmen, die uns extra dazu gegeben wurden. Das Wunder ist also in dir. Und es ist da, wo du lebst. Wir lesen gern Berichte über Wunder. Schauen uns darüber Dokumentationen im Fernsehen an. Wir freuen uns, wenn Menschen Wunder erleben. Aber wir brauchen unser eigenes Wunder. Wir müssen es fühlen, sehen, riechen, schmecken oder hören, sodass wir voller Stolz und Begeisterung ausrufen können: »Ich habe es selbst erlebt!«

Wunder geschehen dort, wo sie gerade gebraucht werden, wo das Schicksal etwas anderes vorhat. Wunder tauchen nicht auf, wenn wir zu träge sind, selbst etwas dafür zu tun. Wunder machen das scheinbar Unmögliche, das Transzendente, das alles Umfassende, nicht für unsere Augen Wahrnehmbare für uns sichtbar, erkennbar und möglich.

Wer von einer grausamen, schier vor Schmerzen nicht zu ertragenden Krankheit über Nacht geheilt wurde, weiß, wovon ich spreche. Wer einen Flugzeugabsturz, vielleicht sogar als einziger von mehreren Hundert Passagieren, überlebt hat, obwohl dies nach aller Erfahrung gar nicht möglich sein konnte, hat dieses Wunder schon unmissverständlich erlebt. Aber müssen in der Regel erst solche grausamen Ereignisse eintreten, bis ich auch Wunder wahrnehme?

Mit Begeisterung und einem offenen Blick für das Numinose kann man die Wunder in jedem Augenblick erkennen, in allem und jedem. Ein kleine Löwenzahnpflanze, die sich mit ihrer Sehnsucht nach Leben durch den Asphalt der Straße kämpft und das Tageslicht erblickt, die weiß und rosa blühenden Obstbäume im April und Mai, die Landschaft, in ein Blütenmeer verwandelt, oder bedrohliche Stürme am herbstlichen Himmelszelt mit tosenden Blitzen und grollendem, explosionsartigem Donner und ohrenbetäubendem Krachen. Der verführerische Duft von Rosen an der warmen Hauswand, der honigsüße Wohlgeruch des Mädesüß an den weiß blühenden Bachufern im Sommer oder die Ernte von schwarz glänzenden Brombeeren, zuckersüßen roten Himbeeren oder tiefblauen, magischen Heidelbeeren. Zeichen geschehen, wo Menschen an sie glauben. Das heißt, überall und zu jeder Zeit können uns Wunder begegnen, wir müssen sie nur sehen.

> Finde die Wunder, die dich täglich umgeben, sie sind genau dort, wo du gerade bist, nicht an einem fernen Ort. Mach dich frei von Stolz, Erfahrungen, Unglaube, Furcht und Gewohnheiten, sie stehen den Wundern im Wege. Beginne mit dem Herzen zu sehen, beginne mit ungewöhnlichen Dingen, erfahre die Welt und lass dich ein auf das Abenteuer Leben.

Viele wünschen sich Wunder, aber kaum jemand riskiert etwas dafür. Sei mutig. Wenn du fällst, steh wieder auf. Wie ein Kind, das laufen lernt. Wie oft bist du gefallen, bis du die Kunst des Laufens beherrschtest? Damals kanntest du keine Glaubenssätze wie »Das schaffst du nie!« – du hast es einfach so lange probiert, bis es dir gelang. Nichts anderes ist das Leben. Gelingt dir heute manches nicht, starte morgen einen neuen Versuch! Glaub an dich, dann geschehen Zeichen und Wunder.

Geh in den Wald, suche dir einen Baum, der dir gefällt, und umarme ihn. Schließ die Augen. Atme dabei tief ein und aus. Dabei konzentrierst du dich bewusst auf die Bereiche deines Körpers, die den Baum berühren.

Im Frühling kannst du Bäume sogar hören. Denn nach der Winterruhe zieht reichlich Wasser bis in die Baumspitzen. Bei Bäumen mit dünner Rinde, wie etwa Birken, Buche, Platane oder Esche, kann man das Wasserrauschen beim Umarmen direkt vernehmen.

Nimm Gerüche, Geräusche und andere Sinneseindrücke nacheinander bewusst wahr. Konzentrier dich danach auf deine Atmung und beobachte, wie deine Atemzüge kommen und gehen. Spüre seinen Körper, rieche seinen Duft und fühle seine Stärke!

Seelenpartner – mystische Begegnung

Viele haben sich schon einmal Fragen wie die folgenden gestellt: »Warum bin ich gerade mit ihm/ihr zusammen?«, »Warum bin ich einsam?«, »Gibt es so etwas wie eine Seelenpartnerschaft?«, »Kann es sein, dass sich eine Seele in zwei Körpern befindet?« …

Menschen, die ihrem Seelenpartner begegnet sind, erzählen, die erste Begegnung mit dem Seelenpartner sei mit keinem anderen Kennenlernen zu vergleichen. Sofort werde einem sehr klar, dass es sich hierbei um einen speziellen Partner handle. In seiner Gegenwart fühle man sich direkt wohl, man spüre eine tiefe Verbundenheit und empfinde ein unbeschreibliches Gefühl der Zusammengehörigkeit. Oft habe man den Eindruck, sich in die eigenen Augen zu blicken oder dem eigenen Abbild gegenüberzustehen, da beide Seelenpartner eine große Liebe oder Zuneigung miteinander verbinde. Zudem mache sich das Gefühl breit, sich seit Urzeiten zu kennen, weil es die Ursehnsucht des Menschen nach seiner seelischen Ergänzung, nach Ganzheit und Vollkommenheit stille.

Seelenverwandte haben in den unterschiedlichsten Situationen die gleichen Gedanken, was dazu führt, dass sie sich blind verstehen, ohne dass auch nur ein einziges Wort gesprochen werden muss. Die Stimmung ist generell heiter und mündet darin, den anderen zum Lachen zu bringen.

Unterscheiden sie sich auch mal in ihren Vorstellungen, so interessieren sie sich stets für die Meinung des anderen. Die gemeinsame Lebensqualität steigert sich, und man fühlt, wie viel man dem anderen bedeutet. Schwächen werden nicht zum Vorwurf gemacht, und für auftauchende Probleme werden Kompromisse gefunden, die beiden guttun. Zuverlässigkeit spielt eine große Rolle, und es ist spürbar, dass, was immer auch kommen mag, der Seelenverwandte das beruhigende Gefühl vermitteln wird, stets für einen da zu sein. Es tauchen keine Zweifel auf, und man muss sich niemals verstellen. Man fühlt sich einfach zu Hause angekommen.

Die Suche nach einem Seelenpartner zu starten, kannst du dir getrost sparen, denn wenn die Zeit reif ist, werdet ihr euch begegnen und intuitiv auf den ersten Blick erkennen. Meistens geht die Tür für einen Seelenpartner auf, wenn eine wichtige Lebenserfahrung und Einsicht wirklich abgeschlossen ist. Der Seelenpartner erscheint dann, wenn du garantiert nicht mit ihm rechnest – bei einer scheinbar zufälligen, unerklärlichen Begegnung. Er fühlt im Herzen eine tiefe Gewissheit, er zweifelt keine Sekunde daran, den anderen Part, nach dem seine Seele immer gesucht hat, gefunden zu haben. Obwohl dieses Wiedererkennen auf einer höheren spirituellen Ebene stattfindet, die sich nur fühlen, aber nicht erklären lässt, kann man einige Anzeichen festhalten. Dazu gehören die folgenden.

Es erfasst einen das unmittelbare Gefühl einer seltsamen tiefen Verbundenheit und Zusammengehörigkeit gleich bei der ersten Begegnung, reine, bedingungslose, aus dem Herzen und der Seele heraus gelebte Liebe. Es handelt sich um eine Verbindung, in der Eifersüchteleien, Konkurrenzkämpfe, Machtspiele, Kontrollsucht, negative Gefühle keine Rolle mehr spielen. Selbst eine lange räumliche Trennung kann solch eine Beziehung überwinden, weil die Partner auch über große Entfernungen hinweg Gefühl, Intimität und Nähe aufrechterhalten können. Die Beziehung zwischen Seelenpartnern ist von einer Magie und einem besonderes Gefühl begleitet, sie wirkt wie von einer höheren Macht gelenkt und zusammengefügt, sozusagen vom Schicksal bestimmt. Von Anbeginn habt ihr das untrügliche Gefühl, einander gut zu kennen. Merkmale einer solchen magischen Beziehung sind wie gesagt bedingungsloses Vertrauen zueinander, wortloses Verstehen wie bei einer telepathischen Kommunikation, ein Gefühl der Vervollständigung durch bloßen Blickkontakt.

Wenn du dich anderen Menschen gegenüber offen, freundlich und empathisch verhältst und wenn du Vorurteile nicht deine Sicht trüben lässt, dann stehen die Chancen gut, dass du sofort weißt, wenn ein Seelengefährte deinen Weg kreuzt.

DAS BUCH DER SIEBEN SIEGEL

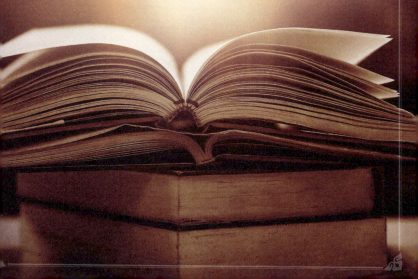

Wir haben alle schon einmal davon gehört: vom Buch der sieben Siegel, von dem die Bibel erzählt, dass niemand die Siegel lösen und einen Blick hineinwerfen könne – außer Jesus Christus in der Gestalt eines Lamms. Nur dieses Lamm ist würdig genug, das Buch zu öffnen. Und die Folgen sind für die Menschen ungeheuerlich. Durch das Brechen der einzelnen Siegel wird die Apokalypse ausgelöst, der Kampf zwischen Gut und Böse, das Ende der Welt, wie wir sie kennen. Auf die Apokalypse soll eine gerechte und friedliche Zeit folgen.

Das Buch deines Lebens ist eine Abbildung dieses Kapitels des Neuen Testaments. Deine vier apokalyptischen Reiter *Verführungen*, *Angst*, *Krankheit* und *Tod* können wie Weltuntergangsszenarien auf dich wirken. Doch deine mentale Stärke wird in eine spirituelle Einweihung münden, mit der du dem Sinn deines Lebens ins Auge blicken kannst. Mithilfe mystischer Symbole schaffst du eine Welt des Friedens, der Harmonie und eines grandiosen Lebensgefühls.

Die vier apokalyptischen Reiter

Seit der Antike beherrschen uns Weltendzeitszenarien in Form der apokalyptischen Reiter, die über das Schicksal der Menschen entscheiden sollen. Ihr Ziel besteht immer in der Kontrolle und Macht über uns. Sie kommen im Gewand des Retters von den aktuellen Bedrohungen daher und bieten vermeintliche Lösungen an. Gelingt es uns, dass wir uns den Täuschungen und Horrorszenarien dieser Unheilverkünder mithilfe unseres Urvertrauens in die schützenden Naturkräfte widersetzen, Ängste überwinden, Krankheiten besiegen sowie den Tod als Übergang zu einem ewigen Dasein in der nächsten Dimension empfinden, dann bahnen sich Hoffnung und Menschlichkeit den Weg zu einem erfüllten Leben. Denn das Geheimnis der finsteren Energie dieser Boten des Unheils liegt in ihrer geistigen Überwindung.

Wer sich nicht mehr blenden lässt von stetig bedrohlichen Endzeitideen, sein Schicksal selbst voller Elan in die Hand nimmt und zum geistigen Aufstieg bereit ist, verwirklicht eine Metamorphose – an die Stelle des fremdbestimmten Menschen tritt ein neuer verantwortungsvoller, autarker und freier Seelenmensch auf einer höheren Bewusstseinsebene. Endzeitkatastrophen verwandeln sich in Impulse neuer kreativer Zukunftsideen, sie verschwinden so spontan, wie sie erschienen sind, und münden in ein Leben voller Fülle, Wohlstand und Lebensglück.

Auf dem Weg dorthin erscheinen immer wieder diese unheilvollen Reiter, um die Stufe unserer geistigen Reife zu prüfen. Dabei stellen sie uns stets vor eine Weggabelung: Die eine führt in Unterdrückung und Verzweiflung, die andere zu Freiheit, Reichtum und Fülle. Beschreiten wir den falschen Weg, haben wir unsere Lektionen noch nicht gelernt.

Luzifers Verführungen

Luzifer, Satan, Beelzebub, Mephisto – der Teufel hat viele Namen und Gesichter. Manchmal erscheint er als Monster, manchmal als Mensch. Laut christlicher Überlieferung soll er der Erzfeind Gottes sein, der über die Unterwelt respektive die Hölle unversöhnlich herrscht, furchterregend und gnadenlos – aber das war nicht immer so. Der teuflische Luzifer, so wie wir ihn heute kennen, als Verkörperung des Bösen, wurde erst im Laufe der christlichen Entwicklungsgeschichte im frühen Mittelalter von abendländischen Kirchenkünstlern geschaffen. Im Gegensatz dazu steht Luzifer tatsächlich bis heute an Gottes Seite, wurde als sein liebster Engel mit Schönheit, Weisheit und Macht belohnt und bekam einen der edelsten Namen: »Morgenstern«, allseits bekannt als »Luzifer«, seine lateinische Übersetzung. Er dient als Quelle der Inspiration für die Menschen, denen er sogar in ihren verzweifeltsten Stunden mit tröstenden Impulsen stets zur Seite steht. Nicht umsonst bedeutet sein Name »Lichtbringer«, er bringt den Menschen Licht in Form von Wissen, Weisheit und Erkenntnis.

Er trägt seinen Namen gemeinsam mit dem Morgenstern, jenem Himmelskörper, der von der Erde aus gesehen am dunklen Firmament noch vor der Sonne sichtbar ist. Als Engel gilt er sowohl als Überbringer göttlicher Botschaften an die Menschen wie auch als Bote menschlicher Nachrichten in die göttlichen Sphären. Engel nimmt man als Kräfte der geistigen Sphären wahr, die spirituelle Impulse in die Welt setzen. Sie behüten und beschützen uns und treten gern als bestärkende Gedanken in Notsituationen auf. In der Regel handelt es sich um unsichtbare Kräfte, die sich allerdings auch sichtbar machen können, wenn dies für ihre Schutzfunktion notwendig ist.

So wie Luzifer Hiobs Glauben auf die Probe stellte, so prüft er uns Menschen regelmäßig, um uns zur Erkenntnis zu motivieren. Dies geschieht durch das Einflüstern verwirrender Gedanken, die uns in Versuchung bringen sollen, Dinge zu tun, die uns zunächst schaden, allerdings nur so lange, bis wir Erleuchtung erfahren und geistige Entwicklung, die uns zu einer höheren Bewusstseinsebene führen. So bringt Luzifer den Menschen zur Erleuchtung, dem geistigen Licht, und ermöglicht ihnen die Erkenntnis, den geistigen Weg. An unserer Seite ist er das Licht der Weisheit, das den Sinn für die Schönheit der sinnlichen Welt aufnehmen kann. Gibt sich der Mensch zügellos den sinnlichen Begierden oder den sogenannten Todsünden hin – Hochmut, Neid, Habgier, Zorn, Trägheit, Völlerei und Wollust –, zu denen Luzifer ihn immer wieder verführt, gelangt er zwangsläufig in die Tiefen seiner eigenen Psyche. Ungeahnte weise Einsichten werden ihn nun erhellen. Ernüchternde und manchmal auch verstörende Selbsterkenntnis wird seinen Geist schleifen, seine Weisheit mehren und sein gesamtes Wesen kritisch reflektieren.

Luzifer lehrt, sich allen Kräften zu stellen, den guten wie den schlechten, und dann mit unserem uns innewohnenden Willen einen Weg zu wählen und uns dabei selbst zu erkennen. So wirkt er an der Grenze zwischen sinnlicher und übersinnlicher Welt, als Engel, der von der göttlichen, allumfassenden, unsichtbaren Macht geschickt wurde, um den Menschen bei ihrer tiefen inneren Erkenntnis zu helfen, um einen Geistesfunken auszulösen, der einen Prozess der inneren Umwandlung und spirituellen Erneuerung in Gang setzt. Vom Himmel auf die Erde nicht gefallen, sondern gesandt, als Bote Gottes, als kosmische Energie der Weisheit. Er verbindet die Menschen mit der geistigen Welt, die hinter dem Schleier der Sinneswelt verborgen liegt. Durchdringt ein Erdbewohner diese sinnliche Welt, so trägt ihn Luzifer ins göttliche Licht.

Angst und Panik

Grundsätzlich ist Angst etwas Nützliches beziehungsweise Sinnvolles, weil sie uns vor einer drohenden Gefahr warnt und uns nicht blindlings ins Verderben rennen lässt. Hätten wir keine Angst, würden wir nicht lange leben. Wenn unsere Vorfahren nicht rechtzeitig von der Angst vor dem Säbelzahntiger ergriffen wurden, konnten sie nicht rechtzeitig flüchten und wurden gefressen. Angst vor Krieg, Terror und Unsicherheit sind ebenfalls nachvollziehbar, aber nicht immer und überall begründet, oft sorgen wir uns also völlig unnötig.

Problematisch wird es, wenn wir unverhältnismäßig oder unbegründet unter Angst leiden. Denn dann wird sie zur Krankheit und kann unser Dasein sehr stark einschränken. Angststörungen können Menschen das Leben zur Hölle machen: Prüfungsangst, Lebensangst, Todesangst, Angst, ausgegrenzt und nicht geliebt zu werden, Versagensängste, Angst vor anderen Menschen, Zukunftsangst, Angst vor Krankheiten, Angst im Straßenverkehr, vor dem Klimawandel oder ganz ohne ersichtlichen Anlass. Angst verändert unsere Sicht auf die Dinge, man kann sie nicht mehr zähmen, man fühlt plötzlich den Zwang, ihr zu gehorchen, die Flucht zu ergreifen – oder sie lähmt.

Eine Angststörung kann wie aus heiterem Himmel kommen, traumatische Erlebnisse wie Trennungen, Tod oder Unfälle können sie auslösen. Medikamente bringen schnelle Hilfe, lösen aber nicht die Ursache. Sich den Ängsten zu stellen ist der beste Weg, ihrem Sog entgegenzutreten. Selbsthilfegruppen oder Psychotherapien können helfen oder Meditation, gesunde Ernährung, Yoga oder Achtsamkeitsübungen. Sie alle wirken auf unsere Seele, trösten sie, lassen sie entspannen und Luft holen.

Warum haben wir Angst? Wir haben Angst, weil wir vor unserem Erdenleben beschlossen haben, die Erfahrung der Angst zu erleben. Man kann lernen, mit der Angst umzugehen. Wir haben Angst, gehören ihr aber nicht und gehen sie an. Wir werden Mut fassen und der

Angst ins Auge schauen, lernen, die Angst zu kontrollieren, und entsprechende Maßnahmen ergreifen, wenn sie auftaucht. Kein Mensch ist der Angst hilflos ausgeliefert.

Um die Angst zu überwinden, ist es wichtig, ihr mit Respekt entgegenzutreten, sie anzuschauen und nach ihren Quellen zu fahnden. Besonders heutzutage wird der Tod verdrängt und als Feind angesehen. Wir müssen endlich wieder lernen, die Begriffe »Sterben«, »Tod« und »Endlichkeit« in unser Leben einzubinden, statt sie systematisch auszuklammern.

Jeden Moment genießen und jeden Augenblick deines Lebens gestalten und als Schöpfer tätig sein, dein Leben erschaffen in jedem Moment, das wirkt der Angst entgegen.

Das Verdrängte kommt als Angst nach oben, deshalb solltest du ehrlich die Ursache betrachten, im Innern weißt du das. Wer bin ich wirklich? Diese Frage spielt auch hier eine Rolle.

Sei ein kreativer Schöpfer, gestalte dein Leben, vergeude es nicht mit ständigem Fernsehen oder in den sogenannten sozialen Medien. Beides macht nicht nur einsam, sondern hindert dich besonders am »richtigen« Leben. Deine Zeit ist viel zu kostbar, als dass du dich ständig fremdbestimmen und -steuern lassen solltest.

Triff Leute, Nachbarn, Familienmitglieder und Freunde »offline«, besuche Lokale, Museen, Veranstaltungen, Brauchtumsfeste, Märkte – einfach all die Orte, an denen sich »reale« Menschen aufhalten. Sprich mit ihnen, tausch dich mit ihnen aus, erfahre von ihren Lebenswegen, Meinungen und Sichtweisen. Nimm am Leben teil und freu dich jeden Tag, dass es dich gibt, dass da so viele Menschen sind, die du treffen kannst. Neue Bekanntschaften, alte Freunde: Triff sie nicht nur draußen auf der Straße, sondern lad sie ein, zum Kaffee, zum gemeinsamen Kochen, zum Feiern von Ostern, Weihnachten und den übrigen Festen im Jahr. Wer Gäste erwartet, muss keine Angst vor der Arbeit haben. Alle können mithelfen, beim gemeinsamen Kochen, Spülen, Abtrocknen und Aufräumen. Man macht einfach alles gemeinsam. Was kann es Schöneres geben?

Bei so viel Aktivität verliert man leicht die negativen Gedanken, schließlich hat man gar keine Zeit dazu und kommt im Austausch mit anderen auf ganz neue lebensbejahende Ideen, die gar keinen Raum für das Negative, für die Angst, lassen.

Alles, was da ist, hat einen Sinn. Angst will uns bewegen, aktiv zu werden, nicht zu verharren in der Starre, sondern nach Lösungen zu suchen, sich auf den Weg zu machen, Neues zu entdecken, in uns zu gehen, uns geistig zu bewegen. Angst ist kein Feind, sondern ein Gefühl, das durch Gedanken hervorgerufen wird.

Häufig haben Ängste ihren Ursprung in der Kindheit. Unbewusst haben Eltern, Lehrer, Freunde durch die unterschiedlichsten und oft unbewussten Handlungen und Worte in dir Angst hervorgerufen.

Es gilt nun zu ergründen, wie du Frieden finden kannst mit dem Vater, der Mutter, dem Freund, dem Partner, die dir das angetan haben. Bedenke: Auch sie sind hier auf der Erde, um zu lernen. Oft handeln sie völlig unbewusst, sind sich wie gesagt der Auswirkungen ihrer Aktivitäten gar nicht bewusst und würden selbst erschrecken vor den Resultaten ihres eigenen Tuns.

So ist das Leben. Vielleicht erzeugst auch du bei anderen Angst. Ist dir bewusst, dass es möglicherweise Menschen gibt, denen vor Angst der Atem stockt, wenn du mit ihnen sprichst oder sie auf etwas bestimmtes hinweist?

Jeder hat selbst für sein Lebensglück zu sorgen, nicht die Mutter, der Vater, der Partner und das übrige Umfeld. Wenn du das erkannt hast, bist du ein Lichtbringer, ein starkes Geschenk für alle deine Mitmenschen. So gelangst du durch dein Gefühl der Angst in deine Freiheit.

Es braucht viel Kraft und eine gehörige Portion Entschlossenheit und Widerspenstigkeit, um sich der Angst entgegenzustellen. Genau dies soll deine Aufgabe sein. Tritt entschieden für dich ein, bereite deiner Passivität ein Ende, steh auf und handle!

Erkunde Dinge wieder selbst, entwickle eigene Ideen zu den Problemen, die dich umgeben, um die Welt zu verstehen und eigene Standpunkte zu entwickeln. Du bist möglicherweise oberflächlich geworden, hast es versäumt, viel zu hinterfragen, an deine Fähigkeiten zu glauben, Risiken zu übernehmen, diese sinnvoll einzuschätzen und Probleme zu lösen. Vielleicht hast du dich von diesem Ballast und diesem Anspruch zu befreien versucht und es anderen überlassen, für dich so wichtige Entscheidungen und Handlungen zu übernehmen, hast diese abgetreten und deine Mündigkeit und Freiheit aufgegeben. So lebst du nun in Angst, in Angst vor dir selbst. Bedenke, Angst arbeitet gegen deine Kreativität, das Leben selbst zu bestimmen. Sie wirkt deiner Selbstbestimmung und Freiheit entgegen. Darum übernimm wieder Verantwortung für dein Leben und handle – das ist die Botschaft des Universums, der geistigen Welt, deiner Ahnen.

Die nachfolgenden Mantras geben dir Ideen, wie du die Angst besiegst. Formuliert dein Geist eigene Mantras, dann nutze diese, so wirst du immer mental stärker und begegnest dem Leben wie ein Bote des Lichts. Setz dich auf deinen Lieblingsplatz zu Hause, in der Stadt oder in der Natur. Entzünde – im Freien nur, wenn es ohne Gefahr möglich und erlaubt ist – eine Kerze, atme dreimal tief ein und sprich kurze Verse oder nur ein paar Worte, die harmonische, friedvolle Bilder in deinen Gedanken auftauchen lassen, zum Beispiel:

- Das Leben liebt mich.
- Ich liebe das Leben.
- Ruhe und Gelassenheit.
- Ich – der Fels in der Brandung.
- Ich schaffe das.
- Nichts ist leichter als das.
- Ich vertraue mir.

Krankheit

Trifft uns eine Krankheit aus heiterem Himmel ganz unerklärlich und ohne vorherige Anzeichen? Bedeuten schwerwiegende körperliche Leiden unausweichliches Schicksal, oder können wir schon im Voraus etwas dagegen tun?

Bereits im 16. Jahrhundert beobachtete der Arzt Paracelsus bei seinen Patienten, dass in einem gesunden Körper eine harmonische Einheit mit der Seele besteht und alle psychischen und physischen Leiden letztendlich wertvolle Botschaften der Seele sind. Krankheitssymptome scheinen daher ein Signal des Körpers zu sein, damit wir uns eingehender mit unserem Gefühlsleben, unserer inneren Stimme und unseren Herzenswünschen beschäftigen.

Wer die Zeichen seiner Krankheit versteht und den Sinn dahinter zu entschlüsseln vermag, kann in der Regel also eher gesund werden. Immer mehr Menschen steigen hinter das Geheimnis ihrer Krankheitsbilder und erkennen ihre eigene Macht zur Bewältigung oft chronischer und lebensbedrohender Leiden. Dazu braucht es die Bereitschaft, ehrlich und ohne Ausreden oder Schuldzuweisungen mit sich selbst, seinen Gedanken, Gewohnheiten, Erlebnissen, einfach der gesamten Lebensführung zu beschäftigen.

Die Lösungen finden wir in der Regel nur bei uns selbst. Die Verdienste der Akut- und Notfallmedizin sind unbestritten, und ein Arzt kann Hilfestellung leisten und Medikamente verordnen, um die Symptome beziehungsweise den schweren Verlauf einer Erkrankung erträglich zu machen. Doch an den tieferliegenden Ursachen einer Krankheit werden Medikamente meistens nichts ausrichten. Das kann nur der Erkrankte. Eine unpassende Arbeitsstelle, ein falscher Beruf, Schwierigkeiten mit dem Partner, Trägheit, mangelnde Selbstentfal-

tung, weil es bequemer scheint, sich den vorherrschenden Gegebenheiten anzupassen, Vernachlässigung der inneren Stimme – dies können alles Ursachen für Erkrankungen sein, die in der Regel völlig außer Acht gelassen werden. Der wichtigste Heiler ist der Erkrankte selbst.

Es gibt viele Möglichkeiten, die Selbstheilungskräfte des Körpers zu aktivieren, doch dazu braucht es Eigeninitiative. Die meisten Leute lassen sich gern bedienen und bleiben eher passiv. Der Mensch ist jedoch nicht als unselbstständiges, unvollkommenes, krankes Wesen auf die Welt gekommen, um sein Schicksal in die Hände anderer zu geben. Er ist auf diesem Planeten, um zu lernen, seine Erlebnisse und Erfahrungen zur geistigen Reife und zum Wachstum zu nutzen.

Krankheit bedeutet eine Chance, sich endlich mit sich und den eigenen Interessen und Sehnsüchten zu beschäftigen, sich nicht ständig in die Obhut anderer zu begeben, die (oft vermeintlich) wissen, was gut für uns sei. Das heißt nicht, dass du ihren Rat und ihre Hilfe nicht prüfen und in Anspruch nehmen sollst, wenn es erforderlich oder sinnvoll ist. Es heißt, dass du dich konstruktiv-kritisch mit ihnen auseinandersetzt und – gegebenenfalls mit ihrer Unterstützung – die Eigeninitiative ergreifst, die für dich am ehesten Heilung verspricht.

Ich selbst erkrankte noch vor meinem Eintritt in den Kindergarten an Neurodermitis – ein unerträglicher Juckreiz plagte mich am ganzen Körper, der mich bis zu meinem fünfunddreißigsten Lebensjahr begleitete. Je älter ich wurde, desto grausamer traten die Symptome nach außen: der ganze Körper mit blutigen Krusten übersät, das Gesicht von dunkelroten Flecken bedeckt und dann noch der grausame Juckreiz. Nicht selten überlegte ich mir, meinem Leben endlich ein Ende zu setzen, doch in den wenigen Stunden, in denen mein Körper gesund schien und ich keine Schmerzen spürte, dachte ich mir: »Was wäre, wenn dieser fantastische Zustand nicht nur einige Stunden im Monat andauerte, sondern einen Tag oder eine Woche?«

Ich probierte eine große Palette alternativer Heilungsmöglichkeiten aus, aber nichts half. In meiner Verzweiflung entschied ich mich schließlich, mich von allen gesellschaftlichen Zwängen zu befreien, meinen Beruf an den Nagel zu hängen und noch einmal neu anzufangen. Ich war auch bereit, meine einige Jahre zuvor erworbene Wohnung aufzugeben und gegebenenfalls auf einem Campingplatz zu wohnen, wenn die finanziellen Mittel nicht mehr für die monatliche Rate aufzubringen wären. Mein Entschluss stand fest.

Doch dann geschah das Wunder: Meine Seele schien zu spüren, dass ich nun Ernst machen würde und ich durch nichts mehr aufzuhalten wäre. Sie spürte, dass ich endlich den Weg einschlug, für den ich geschaffen war – und so beschloss sie, über Nacht gesund zu werden. Nach nur sechs Stunden Schlaf wachte ich am nächsten Morgen auf und spürte, dass irgendetwas mit mir in der Nacht passiert sein musste. Ich fühlte mich so gut, so leicht, so frei von Schmerzen und von dem unerträglichem Jucken. Ich betrachtete meine Arme, nichts war mehr zu sehen von den aufgerissenen und blutenden Partien des Vorabends, die immer so grausam gejuckt hatten. Ich rannte zum Spiegel im Bad: Alle roten Flecken im Gesicht waren verschwunden.

Was war geschehen? Nun, zum ersten Mal seit über dreißig Jahren war ich fest entschlossen, das zu tun, was ich wirklich wollte. Ich wollte selbstständig sein, selbst über mich bestimmen, mir selbst den Tag einteilen und für *mich* arbeiten, nicht mehr für Vorgesetzte, wie ich es immer empfand. Dafür war ich bereit, alles zu verlieren, was ich mir vorher aufgebaut hatte. Ich wollte nur noch frei sein, frei wie ein Vogel, so frei, wie ich mich fühlte, wenn ich im See schwamm und davon träumte, wie schön es wäre, nur noch das zu tun, was mir Spaß machte.

Ich bin fest davon überzeugt: Wer sich den Herausforderungen des Lebens stellt, selbstbewusst sein Schicksal in die Hand nimmt und sich nicht von falschen Katastrophenwarnungen fehlleiten lässt, verfügt über die besten Voraussetzungen, gesund zu bleiben. Selbst ist der Mensch, möge er sich auf die segensreiche Reise in die Tiefen seines Geistes begeben, dann wird er in aller Regel heil sein und so leben können, wie es die Schöpfung für ihn vorsieht – glücklich und frei.

Der Tod

Ein allgegenwärtiges Thema, vor dem viele große Scheu haben, ist der Tod. Er wird oft verdrängt und ignoriert, bis er irgendwann an die Tür klopft und sich nicht mehr beiseiteschieben lässt.

In der Regel können sich die Menschen der westlichen, materialistisch orientierten und verstandesdominierten Welt nicht vorstellen, dass unser Leben niemals endet und in anderen Sphären und unterschiedlichen Formen fortgesetzt wird. Sie sollten tiefgreifend umdenken, denn es erwartet sie Erhabenes und für ihr Bewusstsein überraschend anderes. Was in asiatischen Kulturen und bei allen Naturvölkern Grundkonsens ist, davon versuchen Sterbeforscher wie Bernard Jakoby die Menschen zu überzeugen, nämlich dass wir ewig leben und der Tod nur ein Übergang in eine andere Dimension bedeutet.

Nachdem der Mensch den letzten tiefen Atemzug auf Erden genommen hat, tritt er aus seinem physischen Körper heraus wie eine Raupe, die ihren Kokon verlässt und als Schmetterling in ein neues, freieres Leben umzieht. Das irdische Bewusstsein ist sodann überwunden, und eine neue Wahrnehmung setzt ein.

Sobald die Seele den Körper verlässt, nimmt man auch noch alles auf, was am Ort des Todes geschieht. Man sieht die anwesenden Personen, beobachtet ihr Handeln, hört ihre Worte, nimmt ihre Gefühle und sogar ihre Gedanken wahr. Daher kannst du in diesem Moment einem Hinübergegangenen noch sehr viel mitteilen, alles, worüber nie gesprochen wurde, was aber sehr wichtig erscheint, um ohne Schuldgefühle weiterleben zu können. Worte sind dazu nicht erforderlich, in der Tat reicht hier eine geistige Kommunikation über deine Gedanken, die genauso real und wirksam ist wie gesprochene Worte.

In diesen Momenten sind Versöhnungen möglich, zu denen es vorher nie gekommen war. Selbst wenn der Sterbende schon in einem tiefen Koma liegt, seine Seele kurz vor dem Austritt steht, kann er alles hören und fühlen, und unerledigte Dinge, die einem auf dem Herzen liegen, können noch geklärt werden.

In seiner neuen Umgebung wird der Verstorbene überrascht sein, dass seine körperlichen Einschränkungen und Behinderungen wie weggeblasen sind. Blinde werden sehen können, Amputierte haben alle ihre Gliedmaßen wieder, und ehemals an den Rollstuhl Gefesselte werden wieder laufen und tanzen können. Von hellsichtigen und hellhörigen Medien, von Nahtoderfahrenen oder von sensiblen Menschen, die Kontakt mit ihren hinübergegangenen Familienmitgliedern aufnehmen konnten, wissen Forscher von diesen Tatsachen.

Schon zu Lebzeiten kann jeder seine Seele für den Übergang vorbereiten, für die Welt des Unsichtbaren öffnen, um einen Hauch der faszinierenden Schönheit und Leichtigkeit des Jenseits bereits hier auf Erden wahrzunehmen. So wird die Furcht vieler vor dem unbekannten und mysteriösen Tod schwinden, und wenn die Zeit des nächsten Übergangs, der Geburt in die jenseitige Welt, gekommen ist, dann tritt ein magischer Geisteszustand voller zuversichtlicher und gespannter Erwartung ein.

Hier einige Ratschläge für einen harmonischen Übergang voller Freude, den du auf Erden schon beizeiten üben kannst:

- Achte auf deine Worte, deine Handlungen und deine Gedanken. Wähle sie sorgfältig aus dem reichen Schatz deiner gesammelten Erfahrungen und deines kostbaren Wissens.

- Finde aufbauende Worte und gute Gedanken für andere Menschen, auch für diejenigen, die deinen Weg kreuzten und dich enttäuschten oder sogar verachteten. Wünsche allen Erkenntnis und Reife.

- Überdenke deine Wirkung auf dein Umfeld. Was kannst du besser machen? Warst du ungerecht? Hast du jemanden verunsichert oder gekränkt? Wie kannst du diese Handlungen wieder bereinigen?

- Beachte, dass nicht jeder deine Begeisterung für bestimmte Vorlieben teilt. Prüfe also, wes Geistes Kind dein Gegenüber ist, und lerne von seinen Worten.

- Sei achtsam und dankbar für alles, was du erleben darfst. Beides schärft deine Wahrnehmung der Welt des Unsichtbaren, des Spirituellen, der Seele des Ortes deines Wirkens und vor allem auch des Rufs deines Herzens.

- Segne deine Umgebung, deine Familie, deine Freunde, deine Vergangenheit und Gegenwart, deine Speisen, einfach alles, was von Bedeutung für dich ist.

- Suche die Stille, sie verrät dir viel über das Wesentliche in deinem Leben. So wird es dir gelingen, dein Schicksal zu gestalten, die Botschaften der geistigen Welt zu empfangen und den Tod als Teil deines ewigen Lebens zu erkennen.

Initiation – die spirituelle Einweihung

Wer sich auf den Weg der Selbsteinweihung begibt, ist bereit, die Kräfte aus der geistigen Welt zu empfangen und im Einklang mit der Natur zu leben. Unsere Vorfahren wussten um die Kräfte des Mondes auf die Natur, die menschliche Fruchtbarkeit und Zeugung. Sie kannten Kräutermischungen, die dem Menschen seine Lebenskraft erhalten, und sie besuchten unzählige Heilbäder und Wunderquellen der Berge und Wälder. Sie wussten, dass Tanz, ekstatische Musik und Lebensfreude für die Gesundheit entscheidend sind. In klaren Nächten versammelten sie sich im Licht der Sterne auf einsamen Lichtungen und heiligen Plätzen, um sich in den kosmischen Energien zu baden. Darin Kraft zu schöpfen, Sorgen loszulassen, das Leben ins Gleichgewicht zu bringen, Selbstheilungskräfte anzuregen und der Seele ganz nah zu kommen war ihr Ziel. Mit Fantasiereisen, Körperwahrnehmungen, Meditationen erkundeten sie die Wurzeln ihrer Persönlichkeit, um ihre individuelle Einweihung in einem kosmischen Wandlungsprozess zu erfahren.

Oft durch jahrzehntelange Konditionierung verschüttet, werden die mentalen Kraftquellen, die jeder in sich trägt, in den letzten Jahren auch bei uns Heutigen wiederentdeckt. Leidenschaft, Kreativität, Instinkt und Selbstbewusstsein werden von den Gesängen der Natur wieder aus der Schatzkammer der Seele gehoben.

Im Teenageralter erreicht der Mensch eine Entwicklungsstufe, in der sich die Jungen langsam, aber sicher von den stets schützenden Eltern abnabeln müssen, sie sollen ihre eigenen Instinkte schärfen und ein eigenes Empfinden für Gefahren, Intrigen und Manipulationen entwickeln. Sie müssen nun lernen, vermehrt für sich selbst zu sorgen, und dürfen nicht mehr wie ein Kleinkind bemuttert werden, dem die Eltern alle Besorgungen abnehmen. Eltern sollten in dieser Phase immer mehr Selbstständigkeit zulassen, anderenfalls verhindern sie eine gesunde Fortentwicklung ihrer Kinder.

Diese entscheidende Lebensphase wurde früher wie auch heute noch bei vielen indigenen Völkern von traditionellen Ritualen begleitet, in denen die Heranwachsenden beispielsweise allein und ganz auf sich gestellt bestimmte Prüfungen bestehen mussten und dabei auch spirituelle Erfahrungen machten, wodurch sich sozusagen eine Einweihung in ihr bevorstehendes Leben als Erwachsene vollzog.

In diesem Alter erwacht auch in den Jugendlichen unserer westlichen Gesellschaften, in denen derartige Rituale keine große Rolle mehr spielen oder allenfalls verblasst in der ein oder anderen Form vorkommen, immer mehr die innere Stimme, welche die jungen Menschen auffordert, ihr zu folgen. Dies kann ein sehr schwerer Initiationsprozess werden, da die meisten sich gern an vorgegebene Verhaltensweisen und Meinungen anpassen und auf die Entfaltung ihrer Persönlichkeit teilweise verzichten, um vom sozialen Umfeld nicht abgelehnt und verstoßen zu werden.

Je mehr man allerdings auf die innere Stimme hört, desto besser gelingt der Kontakt mit dem wahren Selbst. Oft gerät man damit auf einen Konfrontationskurs mit den existierenden gesellschaftlichen Erwartungen, die einem ständig einflüstern umzukehren, anderenfalls erwarte einen Ausgrenzung, Misserfolg und Existenznot.

Tatsächlich macht der seiner Intuition gehorchende Mensch im Laufe seines Lebens genau die andere Erfahrung. Je mehr er seiner inneren Stimme folgt und seiner inneren Wahrheit treu bleibt, desto mehr Mut, Erfolg und Lebenskraft warten auf der Zielgeraden. Es braucht in der Regel ein ganzes Menschenleben für die Erkenntnis, dass in der Intuition die eigene Seele wohnt, die immer zu einem spricht und die richtige Richtung bei einer Weggabelung des Lebens vorgibt. Leider folgt man zu häufig den Einflüsterungen des gesellschaftlichen Systems und nicht dem eigenen Gespür, der Stimme des Herzens, der Eingebung der göttlichen Urkraft – oder nennen wir es dem magischen Ich – und beschreitet lieber einen Weg, der vermeintlich opportun, aber möglicherweise voller Unglück ist, statt den harmonischen, glückverprechenden Pfaden, die man nur erspüren kann, wenn man in sich hineinhorcht.

Folgen wir unserer spirituellen inneren Eingebung, werden sich langsam eine großartige Kraft und mentale Stärke entwickeln und immer deutlicher aus uns hervorbrechen, uns mit Resilienz, ungebrochenem Lebensmut und ungezähmter Lebensfreude belohnen. Ein langweiliges Routinedasein sowie die Haltung, es immer allen recht machen zu wollen, haben keine Chance, und das Feuer der Leidenschaft für unsere wahren Interessen und sehnlichsten Wünsche bricht hervor. Passionierter Einsatz für unsere großen Ideen und Gedanken werden unsere Seele nähren und uns ungeahnte, großartige Dinge vollbringen lassen.

Umgebe dich mit Menschen, die dich lieben, so, wie du bist, die sich für dein Leben interessieren. Wer gelangweilt zur Decke schaut, wenn du sprichst, raubt dir und auch sich selbst kostbare Lebensenergie. Solche Zeitgenossen werden deine Vitalität zerstören und dir die Luft zum Atmen nehmen. Wer es gut mit dir meint, wird dich in deinem Tun beflügeln, unterstützen und interessiert Fragen stellen. Solche Menschen werden Nahrung für deine Seele sein.

Niemand scheint sich zu einer wahren Persönlichkeit entwickeln zu können, ohne gelegentlich seines Selbstwertgefühls bestohlen worden zu sein. Demütigungen beziehungsweise erzwungene Erniedrigungen durch einzelne Zeitgenossen oder sogar eine Gruppe gehören zum Erfahrungskatalog und somit zur Initiation eines jeden Erdenbürgers. Damit umzugehen, sie zu verarbeiten, um nicht als gebrochener Mensch daraus hervorzugehen, gelingt vielen nicht. Sie leiden ein Leben lang daran. Zuversicht, Vertrauen, Träume, Ehre oder der Glaube an das Gute im Menschen können von einem zum anderen Moment dadurch vernichtet werden.

Es gibt aber auch Menschen, die sich nicht »runterdrücken« lassen, keine Opferrolle einnehmen und nicht aggressiv handeln, sondern der Situation konstruktiv begegnen, aus den leidvollen Erfahrungen mit großer Reife hervorgehen und so die einzigartige Chance für eine große Einweihungserfahrung erhalten. Sie stärken ihre Entschlusskraft, das Verlorene wiederzuerlangen. Das Bewusstsein für das wirklich Wichtige im Leben erhöht sich, Strategien zur Befreiung der unzerstörbaren Seele tun sich schlagartig auf, und übersinnliche Wahrnehmungen entwickeln und vervollkommnen sich, die mit einer spontanen Erkenntnis der eigenen Wahrheit einhergehen.

Da man sich nicht in die Gedankenwelt anderer Menschen hineinversetzen kann, nicht verräterische Zeichen wahrnimmt oder richtig interpretieren kann, läuft man jedoch immer wieder in eine Falle hinein. Sei es Unerfahrenheit, Verträumtheit oder falsches Vertrauen, auf alle Fälle sind es weitere Lektionen, die das Schicksal für uns vorgesehen hat. Unabhängig von Bildung, Alter oder Erfahrung können überall und jederzeit solche Einweihungserlebnisse auf uns lauern. Schließlich sind wir hier auf der Erde, um Lektionen zu lernen, geistige Reife und Erkenntnis zu erfahren, an unserem Wesen zu feilen, zu erkennen, wer wir sind und was unsere Bestimmung ist.

Schicksalhafte Symbole und Zeichen

Glücksbringer, Geheimcodes und Boten geistiger Stärke: Symbole sind archetypische Zeichen, ein bedeutender Teil unserer Kultur und Kommunikation, die uns in nahezu allen Bereichen unseres Lebens begegnen. Semiotisch transportieren sie Informationen unmittelbar und eindeutig und verweisen auf tiefe, universelle Wahrheiten. Daher sind sie unverzichtbarer Überbringer von profunden Botschaften globaler Weisheitslehren. Sie stehen immer sinnbildlich und anschaulich für komplexe, mehrdimensionale geistige Zusammenhänge. Sie sind äußerliches Symbol und innerer Weg zugleich.

Das Kreuz

Das Kreuz ist eines der ältesten ursprünglichen Zeichen. Sein waagerechter Balken kann als Sinnbild für das alltägliche Leben gesehen werden, das durch die Polaritäten von Gut und Böse, Tag und Nacht, Leben und Tod gekennzeichnet ist. Der senkrechte Balken symbolisiert den Geist der Schöpfung und die göttliche Erleuchtung, die den Menschen unaufhörlich durchdringen und ihn zu ihrer eigentlichen, geistigen Bestimmung rufen.

Wenn der Mensch ihren Ruf hört und sein Herz dafür öffnet, dann begegnen sich der göttliche Erdengeist und sein eigener Geist im Schnittpunkt des Kreuzes, im Herzen. Der dort verborgene Schatz der Erkenntnis über das ewige Leben erblüht zur unsterblichen Seele und versöhnt uns nach einem Streit mit den Menschen im Diesseits wie im Jenseits.

Kreis und Ring

Der Kreis genauso wie der Ring als Ursymbole der Menschen stehen für den ewigen Geist der Evolution sowie die göttliche Fülle, aus der wir zu jedem Augenblick schöpfen können. Sie versinnbildlichen die spirituelle Welt, die sich jeder mithilfe der kosmischen Seelenenergien und universalen Kräfte selbst schaffen kann. Daher zeichnete Leonardo da Vinci den vitruvianischen Menschen – mit idealisierten Proportionen nach dem antiken Architekten Vitruv – inmitten eines Kreises als Symbol für den göttlichen Menschen, der auf dem Weg zur Erkenntnis den Sinn seines Lebens erfahren soll.

Der Ring gilt seit Urzeiten als Symbol der Liebe, der Verbundenheit, der Zusammengehörigkeit, der Einheit und Treue. Er hatte in der Vergangenheit zu verschiedenen Zeiten unterschiedliche Bedeutungen, unter anderem galt er als Symbol der Ewigkeit, Beständigkeit, des offiziellen Versprechens (Verlobungs- oder Trauring), als Sinnbild des Gedenkens (Trauer- und Gedächtnisring) oder auch als Zeichen des Wohlstands, der Macht und Würde (Siegelring). Auch in der heutigen Zeit festigt der sogenannte Ehering die Liebe und Gemeinschaft zweier Menschen äußerlich und soll zeigen: Wir gehören zusammen – für immer! Die Bedeutung des Rings ergibt sich aus seiner Form: Er hat keinen Anfang und kein Ende. So soll auch die Liebe unendlich sein.

Unterschiedlichste Kreis- beziehungsweise Ringformationen bilden die »Blume des Lebens« (siehe Abbildung), eines der ältesten Symbole der Menschheit und ein Sinnbild für Unendlichkeit, Lebenskraft, Segen und Schutz aus

dem Universum. Sie belebt die Verbindung mit der Urkraft und Urquelle der Schöpfung, die beiden Grundpfeiler für Freiheit, Gesundheit, Brüderlichkeit und Lebensglück. Ihr Motiv auf Gläsern, Tellern, Tassen und vielen anderen Objekten des täglichen Lebens aktiviert die Energien der Selbstheilung in unserem Körper, sorgt für ein starkes Immunsystem und Schwingungen voller Harmonie, Verbundenheit und Ruhe.

Die Kerze

Wir kennen den Zauber einer brennenden Kerze, die Ruhe und Harmonie ausstrahlt. Ihr heller Schein symbolisiert die Seele, die den Tod besiegt und als Licht ins ewige Leben eingeht. Brennende Kerzen erinnern sowohl an unsere Ahnen als auch an glückliche Stunden. Eine Kerze kann ebenso als Zeichen des Dankes und zur Erfüllung eines Versprechens oder Wunsches verstanden werden, wenn sie aus Dankbarkeit dafür entzündet wird, dass etwas erfüllt wurde, worum man gebetet hatte.

Eine Lebens- oder Geburtstagskerze begleitet ein Neugeborenes während seiner gesamten Kindheit. Meistens werden Lebenskerzen mit Zahlen und Motiven verziert, die vom ersten bis zum achtzehnten Wiegenfest reichen. Jedes Jahr steht die Kerze auf dem Geburtstagstisch und brennt bis zur nächsten Jahreszahl herunter, bis das Kind schließlich zu einem volljährigen Menschen herangewachsen ist. Eine ähnliche Tradition gibt es auch im Christentum. Hier erhält das Kind eine Taufkerze zur Geburt, die es sein Leben lang begleiten soll, nach der Taufe bei der Kommunion und Firmung oder Konfirmation, bei der Hochzeit, sie brennt am Sterbebett und nach dem Ende des irdischen Lebens als Trauerkerze beziehungsweise Erinnerungskerze an einen wunderbaren Menschen, der nun in Begleitung seiner Familie in die geistige Welt übergegangen ist.

Kerzenlicht verbreitet immer eine friedliche, besinnliche, magische Stimmung im gemütlichen Zuhause oder bei festlichen Anlässen. Dabei spüren wir die Gegenwart übersinnlicher Schwingungen, wir hören das Summen von Bienen, den Gesang der Vögel, wir nehmen den Duft der harzigen Bäume oder der honigsüß riechenden, zarten Wiesenblumen wahr, wir sehen das hoffnungsvolle tröstende Grün der sanft daliegenden Hügel. Die Welt verändert sich in Gegenwart einer Flamme zu einem zaubervollen Paradies.

Individuelle, selbstgemachte Kerzen wärmen die Seele und erhellen sowohl den Alltag als auch den besonderen Moment. Kerzen können auf ganz unterschiedliche Weise gestaltet werden: mit Blättern von Bäumen, mit selbstgepflückten Wiesenblumen, mit bunten Blütenblättern, sogar einem kleinen Edelstein oder einem bedeutungsvollen Foto, einfach mit allem, was gefällt. Ob für Feste wie Taufe, Kommunion, Konfirmation, Hochzeit oder für Familienfeiern wie ein runder Geburtstag, ein Jubiläum, Ostern und Weihnachten – eine persönlich gestaltete Kerze ist immer ein ganz besonderes Symbol der Einweihung, der Reife und Lebenserfahrung. Sie symbolisiert eine kostbare Lebensstufe, einen Abschied und einen Neubeginn, einen Ruf des Lebens, in jeder Phase tapfer und ohne Trauer über das Vergangene neu zu beginnen und den Zauber zu spüren, der jedem Anfang innewohnt, der uns schützt und uns zu leben hilft.

Objekte der Erinnerung

Kerzen ebenso wie alle anderen Symbole wirken auf unseren Geist, formen unsere Gedanken und damit ganz wesentlich unser Schicksal. Aber auch die Beziehung zu geliebten Objekten aus vergangenen Tagen durchzieht unser gesamtes Leben, sie geben Halt, Orientierung, verbinden das Gestern mit dem Heute, begleiten uns treu ins ungewisse Morgen. An ihnen feilen wir unser Selbst, unser Schicksal. Das kann eine vom Gebrauch gezeichnete Geldbörse sein, eine Muschel, die Armbanduhr des Vaters, ein Ring, eine Kette oder ein bestimmter Perlmuttknopf. Ihre Geschichten sind eng verstrickt mit unserem Leben, in ihnen erspüren wir ein Stück von uns selbst. Denn da ist noch das alte Schulheft der Tochter, die Türklinke ohne Haus, die ersten gemalten Bilder des Sohnes. Alles keine besonderen materiellen Werte, aber geistig kostbar, weil in ihnen aufscheint, wie wir waren und was aus uns geworden ist.

Alle diese Dinge fanden ihre Wertschätzung in dem Anteil an Kindheitserinnerung und Lebenserfahrung, der uns innewohnte, mit dem wir vergangene Zeiten beschworen und uns den zukünftigen anboten, verlässlich und treu. Denn war es nicht gerade dies, was die Dinge auszusagen hatten? Wir waren, wir werden sein. Gegenstände, die sich in die Lebensgeschichte einschreiben, werden immer mit einem hohen emotionalen Wert belegt. So viele Erlebnisse, so viele Geschichten stecken in solch einem Objekt, dass wir ihnen nicht entweichen können.

Lieblingsobjekte sind geschätzte oder umhegte und gepflegte Besitztümer. Es handelt sich um Dinge, die uns besonders teuer sind, an denen wir hängen und mit denen wir uns innigst verbunden fühlen, die uns ein Lächeln ins Gesicht zaubern, uns in schweren Stunden trösten und in entscheidenden Momenten unseres Lebens Mut zusprechen, uns motivieren und uns zu Höchstleistungen anregen können.

Der Gegenstand, den wir als Erinnerung an ein bestimmtes Ereignis, einen Ort oder eine Person aufbewahren, wird damit zum Symbol für Freude, Geborgenheit, den Zauber eines Augenblicks, mystische Sinneswahrnehmungen wie Düfte, Klänge, Geschmacksnuancen, Gefühle und Bilder. Sand aus der Wüste, Muscheln aus einem Ozean bedeuten eben das Andenken an geheimnisvolle Momente, Gespräche mit der Seele und sind ein Mittel, Fernes, Fremdes und Vergangenes in das eigene Zuhause mitzunehmen. So wird das Objekt zum Sinnbild für die Herzenswärme, das Lachen, die wunderschönen Erlebnisse des Trostes, der Lebensstärke und des Mysteriums des Daseins, die wir mitbekommen haben. Es steht für die Sehnsucht nach Unvergänglichem oder den Ausdruck des Ewigen. Es ist daher Zeichen der Dauerhaftigkeit, Stabilität und Widerstandsfähigkeit, kostbares Attribut im Leben eines Menschen.

Wenn die Seele Trost und Orientierung in einer Krise sucht, sich nach Lebensstärke sehnt, hält sie Ausschau nach symbolischen Gegenständen und Bildern, die ihr geheimnisvolle und lebenswichtige Botschaften senden, nach denen sie dürstet. Als würde sich eine Tür zu einer verborgenen Kostbarkeit öffnen, beflügeln sie den Geist, stimulieren seine Kreativität, setzen damit lebenswichtige Kräfte frei und schaffen so unsere Wirklichkeit. Wer die geistigen Werte und Symbole seiner Ahnen ignoriert, verliert den Glauben an den Sinn des Lebens und zerstört die sozialen Strukturen seiner Gesellschaft. Das Geheimnis der überlieferten Symbole liegt in der Macht über die Psyche der Menschen, die ewig unser Schicksal beherrscht. Ein Mensch, der mit den Symbolen der Natur – Steinen, Bäumen, Blumen, Tieren – verbunden ist, nimmt diese Impulse wahr, die ihm Trost oder klugen Rat spenden. Die Kraft und Herrlichkeit solch mächtiger Erscheinungsformen belohnen uns mit emotionaler und körperlicher Lebensstärke, welche die kostbare Immunität gegen die Widrigkeiten des Lebens verleiht.

Der Sinn des Lebens

Als deine Seele die Entscheidung für dieses Leben fällte, hast du dir wie gesagt selbst deine Aufgabe für dein irdisches Dasein übertragen. Doch seit deiner Geburt ließ die Konditionierung durch die Gesellschaft allmählich eine immer größer werdende Distanz zwischen dir und deiner kosmischen Aufgabe entstehen. Die Schule lehrte dich, was nach allgemeiner Auffassung wichtig für dich ist, und du erfuhrst, welche Berufe und Verhaltensweisen für deinen Lebensunterhalt wichtig sind und dir gesellschaftliche Anerkennung bringen. Niemand fragte dich jedoch, wonach sich deine Seele sehnt. In den Kulturen deiner fernen Vorfahren hätte man durch Prüfungen und Übungen deine Erinnerung an deine Bestimmung wachgerufen, und du hättest den Ruf deiner Seele, den Sinn deines Lebens, eher wahrgenommen.

Viele Menschen üben einen Beruf aus, der sie nicht wirklich erfüllt. Sie können keinen tieferen Sinn darin erkennen und sehen auch keine Möglichkeit, etwas an ihrer Situation zu ändern. In solchen Fällen gibt es natürlich auch unendlich viele Möglichkeiten, um sein Leben sinnvoll zu gestalten und in seinem Tun einen wahren Zweck zu erkennen. So suchst du dir halt außerhalb deines Broterwerbs Aufgaben, aus denen du viel Sinn, Energie und Kraft für dich und somit auch für andere schöpfen kannst. Dann gestaltest du dein Leben harmonisch, spürst wahres Glück und hinterlässt eine Lebensspur, von der auch viele deiner Mitmenschen zehren können. Wenn du nicht mehr auf der Erde weilst, werden sie sich gern deiner erinnern. Deine Nachbarn, deine Freunde, deine Verwandten und all die Leute, denen du begegnet bist, oft nur flüchtig oder gar nicht bewusst wahrnehmbar. Es geht dabei nicht darum, »Großes« zu leisten, sondern deiner inneren Stimme zu folgen: dem, was du im Inneren spürst, was das Feuer des

Lebens entfacht, was dich berührt und lebendig macht. Setz dich immer für dieses Feuer ein, auch wenn es unbequem sein kann; denn so bleibst du dir stets selbst treu und entwickelst dich als Fels in der Brandung des Lebens.

Alles, was dir begegnet, in guten wie in schlechten Zeiten, alles, was dir widerfährt, ist eine Botschaft des Lebens, die dir etwas Wichtiges mitzuteilen hat. Es sind Wegweiser zu deiner Berufung, die du überall finden kannst: in der Familie oder Partnerschaft, in einem erfüllenden Beruf, im künstlerischen Schaffen, in deinem Hobby, draußen in der Natur auf langen Wanderungen, beim Treffen von Freunden oder auf Reisen. Es gibt zahlreiche und oft sehr ungewöhnliche Veranstaltungen, unter denen du sicher welche findest, die dir zusagen – nutze sie, es gibt so viel zu entdecken, was dein Leben sinnvoll gestalten wird, es genießen lässt und dein Leben mit Zauber und Magie füllt.

Auch die Beschäftigung mit dem Tod, seine Integration ins Leben – auf angemessene Weise schon im Kleinkindalter –, lässt eine Quelle der Lebenskraft entspringen und verleiht dem Leben einen Sinn. Sterbende Menschen sind aus unserem Alltag verschwunden, Kinder hält man fern davon und scheint sie regelrecht davor schützen zu wollen. Doch auch sie erkundigen sich schon sehr früh danach, was der Tod bedeutet. Es interessiert sie, sie finden ihn keineswegs unnatürlich oder furchterregend. Sie möchten wissen, was mit den Menschen passiert, mit den Großeltern, Familienmitgliedern oder Freunden, die urplötzlich aus ihrem Blickfeld verschwinden, die ihnen fehlen. Wer den Tod in sein Leben einbindet, ihn als stetigen Begleiter wahrnimmt, respektiert und sich mit ihm beschäftigt, verliert die Angst davor und leistet Sterbenden in den letzten Wochen, Tagen und Augenblicken eine große Hilfe beim Übergang in die nächste Dimension des unendlichen Lebens.

Spätestens im Angesicht des Todes begegnet jeder der Frage nach dem Sinn seines eigenen Daseins. Er macht sich Gedanken, ob er seine Zeit auf Erden dazu nutzt, wirklich zu leben. Er sucht nach dem Sinn und wird ihn finden, wenn er ehrlich zu sich ist und in sich hineinhorcht. Seine innere Stimme wird ihm empfehlen: Lebe deine Bestimmung, erkenne deine Aufgabe und lebe sie.

Sinnstiftend können aber auch die Rituale und Feste im Jahreslauf sein: Neujahr, Heilige Drei Könige, Ostern, Geburtstage, Erster Mai, Halloween, Weihnachten, um nur einige zu nennen, sind stets kleine Auszeiten, die uns aus dem Trott herausholen und dem Alltag Sinn verleihen. All diese Feierlichkeiten sind regelmäßig wiederkehrende Rituale, die dazu einladen, bewusst innezuhalten, um neue Lebenskraft und Lebensfreude zu schöpfen.

Informiere dich über die genannten Feierlichkeiten und Brauchtümer in den einschlägigen Medien und sprich mit deinen Eltern und/oder Großeltern darüber, welche Erfahrungen und Erlebnisse sie damit verbinden. So erfährst du den Sinn dahinter, gewinnst Einsichten und entdeckst eine atemberaubende Schatzkammer voller magischer Botschaften des Lebens, bewahrt von deinen Ahnen, als Schlüssel zu deinem Leben.

Etwas zu tun, von dem man überzeugt ist, macht Spaß, bereitet Freude und stiftet Sinn. Freunde zu treffen, neue Bekanntschaften zu schließen, Veranstaltungen oder Museen zu besuchen, Herausforderungen zu meistern, auch im Privatleben kreativ zu sein – all das trägt zu einem sinnvollen und glücklichen Leben bei. Nimm dein Schicksal in die Hand, finde deinen Lebenstraum und fühle den magischen Zauber deines Lebens.

Stell dir wieder Fragen, die dein Leben sinnvoll gestalten, etwa wie folgt:

- Wer bin ich?
- Was fühle ich?
- Was bereitet mir Freude?
- Was geht mir leicht von der Hand?
- Wie würde ich leben, wenn ich nicht zur Arbeit ginge?
- Was waren meine Träume als Kind?
- Welchen Beruf wollte ich früher ergreifen?
- Wo wollte ich leben?
- Wie wollte ich leben?
- Was würde ich unternehmen, wenn ich nur noch einen Monat zu leben hätte?

RESONANZ – DIE KRAFT DER ANZIEHUNG

Alles Geistige, also Gedanken, Gefühle, Befürchtungen und Wünsche, erzeugt Schwingungen, die sich auf dein Umfeld übertragen und entsprechende Wirkungen hervorrufen. Du hast die Möglichkeit, innerhalb eines gewissen Rahmens, mit dem du auf diese Welt geschickt wurdest – in dein »Schicksal« –, deine Wünsche wahr werden zu lassen. Du kannst dein Leben nach deinen Wünschen und Vorstellungen gestalten und Erfahrungen wie ein Magnet in dein Leben ziehen.

In der Regel geschieht das unbewusst und vermittelt, denn die kosmischen Kräfte lassen sich nicht erzwingen. Deine Pläne, Wünsche, Ängste, jedes Wort und dein Geist als Gesamtheit formen deine Handlungen, die wiederum bestimmte Energien aussenden und gewisse Wirkungen erzeugen. Doch diese Wirkungen eins zu eins nach unseren Vorstellungen einzufordern wäre anmaßend und zeugte von einer Hybris, die sicherlich nicht wohlwollend auf deinen Geist, deine Gefühle, Neigungen und Charakter wirkten. Sie würden eher eine negative Atmosphäre schaffen und zum Gegenteil dessen führen, was dein Ziel war. Du kannst immer nur günstige Voraussetzungen schaffen, das letzte Wort hat die höhere Macht der Schöpfung. Was immer sie dir bringen mag, es wird zu deinem Besten sein, auch wenn du es nicht in jedem Fall sofort, sondern manchmal erst später in der Rückschau erkennst: wie sich alles zu dem gefügt hat und erforderlich war, um der Mensch zu werden, der du heute bist.

Betrachte dein Leben als Spiel, als faszinierendes Abenteuer, Reichtum und Spaß. Suche immer wieder die Herausforderung und du wirst spüren, wer du wirklich bist. Das ist der wahre Sinn deines irdischen Daseins. Sei bereit für dieses große Spiel. Jede Ursache, jede Handlung zieht eine Wirkung nach sich. In jedem Menschen liegt ein schöpferischer Kern, der tief im Verborgenen ruht und Einsichten in ein Denken vermittelt, das ungeahnte Kräfte weckt. Goethe erfuhr in seinem genialen Leben, dass er nicht das Göttliche erkennen könne, wenn er nicht erfüllt wäre von göttlicher Kraft. Seine innere Energie war die Ursache für die Wahrnehmung, die Wirkung des Numinosen, des Allmächtigen in jeder Pflanze und jedem Wesen unseres Blauen Planeten.

Nimm eine Decke oder ein Schaffell, geh damit in den Garten, in den Wald oder an seinen Rand, die Schwelle Midgards, setz dich darauf und schließ die Augen. Denk über dein Leben nach und überleg dir Situationen, die ganz deutlich zeigen, wie deine Handlungen zu gewissen Wirkungen – Reaktionen – deines Umfeldes führten. Hier zeigt sich ganz klar die Existenz der Resonanz – das Gesetz der Anziehung und von Ursache und Wirkung.

Bedenke es bei all deinen Handlungen und du wirst Meister deiner Schöpfung. Nimm dich in deinen Bedürfnissen ernst, hör auf, dich zu verleugnen und mit anderen zu vergleichen. Wenn du zu deinen eigenen Gefühlen und Gedanken stehst, dich nicht kritiklos dem vorgegebenen Zeitgeist anpasst, dann spürst du das gewaltige Resonanzfeld, in dem du dich bewegst, die ungeheure Schöpferkraft, die in dir ruht. Du wirst aufblühen, dein Leben wird dir gelingen.

Morphogenetische Felder

Eines der großen Mysterien der Forschung ist die Entstehung von Formen in der Natur: Woher wissen die Blätter von Pflanzen vor ihrer Entstehung, wie sie ausschauen sollen? Wie wissen Embryonen, welche Form sie im Mutterleib auszubilden haben? Die Wissenschaft lehrt uns, es handele sich schlicht um die Anweisung ihrer Gene. Bei genauerem Hinsehen zeigt sich allerdings, dass die genetische Programmierung von Händen, Füßen, Haaren, Armen und so weiter in jeder Zelle identisch ist. Daher gehen bestimmte Bereiche der Forschung davon aus, dass es unsichtbare Kraftfelder geben muss, die den Genen Informationen liefern.

Im vorigen Jahrhundert kam deshalb die Idee von universellen subtilen formerzeugenden (morphogenetischen oder auch morphischen) Feldern – vergleichbar mit Magnetfeldern – auf, die sowohl Gene und Organismen steuern als auch gesellschaftliche Strukturen und Verhaltensmuster oder mentale Gewohnheiten, die sich durch neue Eindrücke und Erlebnisse ständig weiterentwickeln. Mithilfe dieser energetischen Quelle allen Wissens können die Nachkommen einer Generation viel schneller spezielle Fertigkeiten lernen als ihre Vorfahren, die dieses Feld erst geschaffen haben.

Alles, was irgendwo an einem Ort unseres Planeten geschieht, kann ohne Zeitverlust über dieses sublime Netz, das uns weltweit verbindet, verteilt und verfügbar gemacht werden. So ist es erklärbar, dass wir Informationen wahrnehmen, fühlen und über unsere innere Stimme hören und uns beispielsweise »unerwartet« plötzlich eine Person anruft, an die wir genau in diesem Moment gedacht haben.

Jeder befindet sich demnach in einem morphogenetischen Feld, nimmt unbewusst die formgebenden Energien wahr, spürt die unsichtbaren und dennoch wirksamen Botschaften aus der Vergangenheit, der Gegenwart und der Zukunft, die sowohl an dem jeweiligen Ort haften sowie an jeder Pflanze, jedem Stein, in jedem Gewässer und aus den Tiefen der Erde wie auch aus dem weiten geheimnisvollen Universum unaufhörlich gesendet werden. Überall strömen die Energien, an den historischen Bauten vergangener Generationen, an Schlössern, Burgen, keltischen und germanischen Kultplätzen, mittelalterlichen Städten, an den Erbstücken der längst verstorbenen Urgroßmutter. All diese Dinge und Orte raunen uns dieses und jenes zu, sie haben viel erlebt und geben es an die gegenwärtigen und zukünftigen Generationen weiter.

Morphogenetische Felder formen nicht nur die Gestalt von allem und jedem, sie bilden auch unsere Gedanken, Ideen, Intuitionen und Inspirationen, sie schaffen die Umwelt, das Jetzt und das Morgen und somit auch unser Schicksal. Das gesamte Universum können wir uns als Netz vorstellen, das die Dinge des Lebens miteinander verknüpft, und jeder seiner Knotenpunkte besitzt die Information aller anderen Punkte, allen Geschehens der Vergangenheit, der Gegenwart und der Zukunft. So geht nichts verloren, alles ist darin gespeichert und abrufbar, jederzeit, immer und ewig. Dieses Netz, das Gedächtnis der Natur, steht uns zu Diensten, jederzeit und an jedem Ort. Mit jedem Gedanken und jedem Gefühl können wir Menschen wie auch alle anderen Lebewesen – Steine, Pflanzen, Tiere, Gewässer – auf dieses Energiefeld zugreifen. Wir Menschen haben den Zugang zu den morphogenetischen Feldern seit unserer Existenz, wir bezeichnen ihn als »siebten Sinn« oder »Intuition«. Bei den Tieren sprechen wir von »Instinkt«, wenn sie genau wissen müssen, was sie zu tun haben.

Morphogenetische Felder spielen eine Rolle dabei, wenn sich die Natur nach Katastrophen allmählich wieder regeneriert – völlig ohne menschliches Zutun.

Die Kenntnis dieser Felder ist für unser Schicksal ein kostbarer Juwel, denn die in ihnen gespeicherten Informationen gehen nie verloren und sind in Form von Worten, Bildern, Gedanken und Empfindungen jederzeit abrufbar. So erklärt es sich, dass Wahrheiten an die Oberfläche drängen, die bewusst versteckt wurden, um beispielsweise die Geschichte eines Landes zu verfälschen. Oder dass jahrhundertelang verborgene Kulturschätze geborgen werden, die viele Meter unter der Erde aufgespürt wurden. Familiäre Konflikte werden häufig Jahre später beigelegt, weil man Antworten aus dem Jenseits von den Vorfahren empfängt oder sie wie spontan vor dem inneren Auge erscheinen, wenn man sich nach der Harmonisierung ungelöster Familienangelegenheiten sehnt. Das verborgene, jahrtausendealte Wissen um Gesundheit und Heilkunde steht uns in all seiner Bandbreite zur Verfügung, die fantastischen Schätze der alten Griechen, all dies ist existent und nie verloren gegangen, es war nur verschüttet, weil wir uns zu wenig bis gar keine Zeit für die Beschäftigung mit den Geheimnissen der geistigen Welt gönnten. Die ständige Ablenkung durch unser oft oberflächliches Konsumverhalten und die Überflutung durch äußere Reize hielten uns davon ab.

Geprägt von einer materialistisch-rational orientierten Gesellschaft und der daraus resultierenden Erziehung und Bildung verkümmerte die innere Stimme der Intuition immer mehr, bis sie fast nicht mehr wahrnehmbar war. Doch in den letzten Jahren besinnen sich die Menschen wieder mehr auf Traditionen, die oft einen großen geistigen Reichtum schenken, und lauschen wieder verstärkt der Sehnsucht ihrer Seele. Sie spüren erneut ihr wahres inneres Wesen, ihr Selbst und ihre Lebensaufgabe. Das Vertrauen auf das eigene Gespür wächst, und eine innere Weisheit beflügelt den Geist.

Fülle – unsichtbar und allgegenwärtig

Du kennst solche Momente inniger Fülle: Wenn du auf einem Berggipfel mit atemberaubender Aussicht stehst und des Berges Atem spürst, wenn dir die mystischen Stimmen der schäumenden Wellen am Meeresstrand ihre geheimen Botschaften zuraunen oder in verwunschenen Wäldern ein geheimnisvolles Rascheln im Laub deine Aufmerksamkeit entführt, es nach Moos duftet und die Sonne durch die Zweige strahlt – dann empfindest du puren Überfluss, eine magische Inspiration und überwältigende Lebensfreude.

Werde zum Schöpfer großer Fülle, starte die Reise in ein Leben ohne Mangel, schöpfe aus dem Vollen! Lebe aus deinem Herzen heraus und du spürst ein Dasein in ungeahnter Reichhaltigkeit. Lebe endlich, was dir wirklich guttut. Dir und deiner Mitwelt.

Leg ein Füllhorn, das Symbol der Fruchtbarkeit und Freigebigkeit, auf den Tisch in deiner Stube. Fülle dieses mythologische Sinnbild des Glücks mit Blumen, Früchten und Getreide als Zeichen für Reichtum und Überfluss. Der Anblick erinnert dich an den großzügigen Lohn des Lebens, den du erhältst, wenn du der Stimme deines Herzens folgst.

Richte dazu jeden Tag eine Weile deine Aufmerksamkeit nach innen, in die Tiefen deines Seins, das Mysterium, das dich immer begleitet, in jedem Moment. Es ist das, was du mitgebracht hast aus der Endlosigkeit deines Seins. Es ist das, was du wirklich bist, ewig und zeitlos. Lausche in dich hinein, spüre den inneren Frieden, lass deine Gedanken schweifen und höre, was sie dir zuflüstern über die geheimen Sehnsüchte deines Wesens.

Was die Stimme deiner Sehnsucht nach Fülle berührt

Freiheit

Leben heißt, frei zu sein. Freiheit bedeutet, frei von Zwängen handeln zu können, dass du also nicht tun musst, was du nicht willst. Dazu kannst du immer aus vielen Möglichkeiten wählen. Und wie gesagt: Alternativlosigkeit gibt es einfach nicht. Dieser Irrtum bereitet immer nur den Weg in die Unfreiheit und schneidet dich von der Fülle ab. Das Leben hält unzählige Chancen der Freiheit für dich bereit. Sei achtsam, wenn sie dir begegnen, und lad sie in dein Leben ein.

Entfache das Feuer der Freiheit in dir, indem du dich fragst, wie ein freies Leben für dich ausschaut. Folge deinem Atem: Was siehst du? Was fühlst du? Was riechst du? Der Atem ist ein gutes Medium, um mit deiner inneren Stimme in Kontakt zu treten. So kommst du mit dir selbst in Berührung und erfährst, was sich für dich frei anfühlt.

Dankbarkeit

Dankbarkeit ist ein Schlüssel, um mehr Freude, Zufriedenheit sowie Glück und damit Fülle in dein Leben zu bringen.

Richte es so ein, dass du jeden Abend den Tag in Gedanken noch einmal Revue passieren lässt: wunderschöne Beobachtungen und besondere Erfahrungen, die einen unerwarteten Lichtstrahl in den Alltag brachten, ein herzhaftes Lachen in unser Gesicht zauberten, oder erstaunliche Erlebnisse, die an ein Wunder grenzten. Lenke deinen Blick auf große und kleine, auf bedeutende und flüchtige Begebenheiten, wertschätze diese Momente und begegne ihnen mit Dankbarkeit. Schreib sie täglich auf, so sammelst du kraftspendende Erinnerungen für dein ganzes Leben.

Danke Menschen für ihre Freundlichkeit, lad sie zu dir ein, besuche sie oder lies ihnen vor, wenn sie schon älter sind und die Buchstaben nicht mehr so gut erkennen können – und du wirst kostbare Momente der Dankbarkeit ernten, magische Augenblicke der Fülle und des Glücks.

Selbstbewusstsein und Selbstachtung

Du kennst das Gefühl: Irgendetwas stimmt da gerade nicht im Umgang mit jemand anderem. Irgendwie wirst du gerade unkorrekt behandelt und spürst einen Widerstand, einen Schlag in die Magengrube, den Drang aufzubegehren.

Höre in dich hinein und erfülle auch in solchen Fällen die Sehnsucht deiner Seele: Du respektierst dich. Du bringst dir eine wohlwollende Wertschätzung entgegen. Du akzeptierst dich so, wie du bist, mit deinen Fehlern und Schwächen. Du vertraust dir. Du unterlässt alles, was für dich Anlass sein könnte, dich verletzt, gedemütigt, gekränkt, abgewertet zu fühlen. Du hältst dich für wertvoll und wichtig. Du sprichst und denkst grundsätzlich positiv von dir selbst.

Wahrhaftigkeit

Aus dem Gefühl heraus, immer loyal sein zu müssen, aus Angst, Unsicherheit oder Bequemlichkeit nehmen wir immer wieder kleine Anpassungen an unseren Gedanken und Lebensweisen vor, was so weit führen kann, dass wir uns der Scheinwelt von Illusionen hingeben, obwohl wir genau wissen, dass sie zu keinem guten Ende führen können.

Spiel keine Rolle, sondern lebe mit der Würde eines königlichen Menschen. Erkenne und lebe deine eigene Wahrheit. Zeig dich anderen so, wie du bist. Folge also deinen Überzeugungen und Werten, steh zu dem, was du denkst, und belüg dich nicht selbst.

Lebe das Leben, das du fühlst, nur dann wirst du das volle Ausmaß deiner Möglichkeiten spüren und erfahren. Nur dann fühlt sich alles leicht und harmonisch an – die beiden Voraussetzungen für Fülle in deinem Leben.

Mut

Mut bedeutet, sich im vollen Bewusstsein seiner Ängste mit ebendiesen Ängsten zu konfrontieren. Mut ist die Bereitschaft, den vielen Unsicherheiten des Lebens zu begegnen und sie als das Mysterium unserer Existenz zu achten.

Begegne jedem Augenblick deines ewigen Lebens in all seiner Schönheit und Freude wie auch in seinem Schrecken und Schmerz und erfahre bewusst: Es gibt nichts zu fürchten! Du bist von Natur aus ein starkes, machtvolles Wesen, du kannst alles erschaffen, was du ersehnst. Trete für die Stimme deines Herzens ein, die Kraftquelle deines Mutes und Wegweiserin zu einem atemberaubenden Leben in Fülle.

Maßhalten

Es gibt von allem so viel, dass die Frage »Was brauche ich eigentlich?« gar nicht mehr gestellt wird. Sich zu lösen aus all diesem Zuviel und die innere Freiheit wieder zur Grundlage des eigenen Lebens werden zu lassen, dazu bedarf es nur eines kleinen Schritts. Dein Kühlschrank ist zu voll, der Kleiderschrank quillt über, unnützes Zeug stapelt sich bei dir und der Terminkalender lässt keine Zeit mehr für wirklich stille Stunden …

Maßhalten macht dich sensibler und lässt dich den Tagesablauf bewusster erleben. Du gewinnst mehr Zeit für dich und für die wahren, glücklichen Dinge im Leben. Du bist ein soziales Wesen, dessen wichtigste Aufgaben der Lebensgenuss darstellt. Maßvoll zu leben öffnet deine Sinne, du berührst deine Seele, und du fühlst dich reicher.

Überlege, was du wirklich im Leben brauchst. Was speicherst du alles zu Hause, ohne es jemals wirklich genutzt zu haben? Wie viel hat es gekostet und wie viel Lebenszeit hast du vergeudet, um es zu besorgen und, vor allem, um es erst einmal zu erwirtschaften?

Wie viele Stunden verbringst du mit deinen Freunden, in der Natur, mit Dingen, die dich wirklich begeistern? Wie viele erfüllende Stunden, Tage oder Wochen erlebst du wirklich?

Eine gute Übung, das Maßhalten in allen Lebensbereichen zu fühlen und dauerhaft auszuüben, ist das Ausmustern all des Krempels in deiner Wohnung, den du nicht mehr brauchst, den du jahrelang schon ungenutzt hortest, der dir Raum zum Leben nimmt und deine Psyche unbewusst belastet. Spende oder entsorge alles und konzentrier dich nur noch auf das wenige, aber dafür Wichtigste in deinem Leben!

Einfaches Leben als Lifestyle

Zunehmend erfahre ich von jungen Teilnehmern meiner Veranstaltungen, dass sie und ihre Generation wieder mehr vom einfachen Leben träumen und ihrem irdischen Dasein mehr Raum geben möchten. Es bedeutet für sie, gesünder und mit Freude zu leben. Aus der Quelle der Natur zu schöpfen, die Kraft der würzigen Wildkräuter zu schmecken und aus diesen die Lebensenergien für ein starkes Immunsystem gegen die Widrigkeiten des Lebens zu ziehen. Barfuß durch den Wald zu laufen, das Wasser der Bäche an den nackten Füßen zu spüren, Pilze für ein köstliches Mahl zu finden und ganz im Einklang mit der Natur zu stehen, das ist ihr Ziel. Sie opfern ihr Glück nicht mehr den vermeintlichen Regeln und Ansprüchen der Gesellschaft. Sie folgen nicht mehr dem Leitspruch des »Immer höher, schneller, weiter«.

Stell dir vor, dein Leben wäre einfacher. Du besäßest nur das, was du wirklich brauchst. Deine Tage vergeudest du nicht mehr mit unnötigen Anforderungen und Pflichten. Du tust das, was du wirklich willst und was dir absolut wichtig ist. Jeder Augenblick erscheint dir intensiver, plötzlich nimmst du Gefühle wahr, die den Zauber der Kindheit wiederbringen. Sorgen und Ängste fallen von dir ab, und das schon lange vergessene Gefühl der inneren Freiheit ist wiedererweckt.

Wir alle tragen es in uns und können es aus den Tiefen der Seele befreien, wenn wir uns von unnatürlichen gesellschaftlichen Zwängen befreien und unser wahres Ich zulassen. Der Weg zur Fülle führt über uns selbst, über die Einfachheit des Seins.

Stille

Seit der Homo sapiens auf der Erde wandelt, zogen sich immer wieder solche Menschen in die Stille zurück, die auf der Suche nach den Geheimnissen des Lebens waren. Wenn sie in der Stille ruhten, gelangten sie in den Raum zwischen den Gedanken, in die Tiefen des Unsichtbaren, zu den Quellen der Kraft. In der Stille treten wir in Kontakt mit unserem wahren Sein. Wir spüren, wer wir wirklich sind. Unsere Wünsche und Sehnsüchte offenbaren sich.

Setz dich zu Hause bequem in einen Sessel, auf den Boden oder geh hinaus zu Quellen, Brunnen und Wasserfällen, einsamen Lichtungen und Kraftplätzen, aber auch Kult- und religiösen Stätten auf Anhöhen, umgeben von der Natur und wie in ewiger Ruhe. Lass dich dort an einem einsamen Platz nieder. Zünde – wenn es aus brandschutzrechtlichen Gründen nicht verboten ist – eine Kerze und einen Räucherkegel an. Beobachte den magischen Rauch. Mach dir bewusst, dass jetzt etwas Wichtiges beginnt: deine Auszeit vom Alltag.

Atme bewusst viermal tief ein und aus. Die tiefe Atmung hilft dir beim Entspannen. Mach nach der Ein- und Ausatmung kleine Pausen und nimm ganz bewusst wahr, wie sich dein Körper anfühlt. Was hörst du? Welche Geräusche, Klänge und Töne in der Nähe, welche in der Ferne? Was riechst du? Welche Pflanzen könnten es sein? Sind die Düfte süß, würzig oder frisch? Spüre die Energie in jeder Zelle. Genieße es! Lass deine Gedanken schweifen, dann bist du in der Stille geborgen.

Die Fülle erleben

Fülle bedeutet, an sich zu glauben und positiv durch sein Leben zu gehen. Mit Affirmationen – das sind positive Glaubenssätze, um dich mit deinem wahren Sein zu verbinden und dein Bewusstsein für Fülle zu wecken – stärkst du die eigene Persönlichkeit und inneren Werte wie Vertrauen, Selbstsicherheit, Offenheit, Mitmenschlichkeit und Mut zur aktiven und konstruktiven Gestaltung deines Lebens: im Beruf, in der Partnerschaft, in der Liebe und im Umgang mit deinen Mitmenschen. Die Affirmationen machen Mut, sich selbst und die Welt bewusst zu bejahen, vermitteln innere Stärke und Selbstachtung, bauen Vertrauen auf. Ihre regelmäßige Wiederholung bewirkt, dass diese Suggestionen besser ins Unterbewusstsein gelangen und dort ihre heilende Wirkung entfalten können.

Nachfolgend findest du eine Auswahl wirkungsstarker Glaubenssätze, die dein Bewusstsein für ein Leben in Fülle wecken:

- Die Entscheidungen in meinem Leben folgen dem Gefühl der Freude, das ich in meinem Inneren spüre.
- Meine Wünsche gehen mit Leichtigkeit in Erfüllung.
- Wenn ich meiner inneren Stimme folge, belohnt mich das Leben, und ich erhalte, was ich mir wünsche.
- Ich nehme die Fülle und den Überfluss voller Freude an.
- Ich bin reich und glücklich und fühle mich gut.
- Ich sende meinen Mitmenschen Gedanken der Liebe und der Fülle.

- Ich helfe anderen in der Not durch gemeinsam verbrachte Stunden und Aktivitäten.
- Ich bin mir selbst gegenüber großzügig und nett.
- Ich spüre Wohlstand und Fülle in meiner Seele.
- Meine Träume werden wahr.
- Ich lasse mich vom Leben reich beschenken.
- Ich öffne mich für die Fülle.
- Ich folge meiner Sehnsucht.
- Ich spüre die Verbindung zur Quelle der Fülle.
- Ich vertraue auf die Liebe meiner Ahnen.
- Ich fühle mich wie ein kostbarer Diamant.
- Mein Leben ist voller Freude.
- Ich bin einzigartig und wertvoll.
- Ich liebe mich.
- Ich respektiere mich.
- Ich bin, wie ich bin.
- Ich bin königlich.

Wie wirklich ist die Wirklichkeit?

Was ist Wirklichkeit? Ist das, was ich sehe, fühle, rieche, schmecke und höre, real? Gibt es »*die* Wahrheit« und »*die* Wirklichkeit« überhaupt? Oder ist alles nur eine Sache der Wahrnehmung?

Fest steht: Menschen haben unterschiedliche Eindrücke und Empfindungen. Sie legen ihr Augenmerk auf Dinge, die ihnen persönlich wichtig sind. Jeder von uns trifft ständig in Sekundenschnelle die Wahl, was er wahrnimmt und wie. Die Richter in den Gerichtssälen können davon ein Lied singen, müssen sie doch auf Basis der unterschiedlichen Schilderungen von Zeugen, die alle von ihrer Wahrnehmung überzeugt sind, ein Urteil fällen.

Auch im Kino zeigen die Zuschauer zuweilen sehr unterschiedliche Reaktionen. Zur gleichen Zeit sehen alle dieselben Bilder, und doch reagieren sie verschieden: Die einen brechen in lautstarkes Gelächter aus und werden später erzählen, wie lustig doch der Film gewesen sei, während die anderen sich nur kopfschüttelnd über solches Verhalten wundern können und später von der durchweg langweiligen Handlung berichten werden. Wie kann das sein? Sie sehen doch alle dasselbe!

Wir stellen fest: Selbst die kleinste Sinneswahrnehmung reagiert auf eine ganz bestimmte – uns eigene – Art und Weise. Jede möglich Reaktion ist individuell und macht uns aus. Und sie ist richtig. Für uns.

Genau diese Art und Weise der Wahrnehmung gestaltet unsere Wirklichkeit. Deine selektive Wahrnehmung von der Welt sagt dir, wie deine Welt ist. Meine sagt mir, wie meine ist. Und wenn wir beide zusammen in einer Familie, in einem Freundeskreis, in einem Dorf oder in einer Kultur leben, haben wir uns darüber bewusst oder unbewusst abgestimmt, wie wir manche Dinge sehen wollen. Ohne einen solchen Grundkonsens wäre ein gedeihliches Zusammenleben nur sehr schwer denkbar.

Wie stark deine Sinneseindrücke dein individuelles Bild von der Welt zeigen, kannst du auch zusammen mit deinen Freunden sehr schnell selbst herausfinden. Wenn ihr in einem Straßencafé, am Strand oder auf einer Wiese sitzt: Beobachtet dieselben Personen – spielende Kinder, vorbeiziehende Jugendliche, Menschen aller Altersgruppen oder Familien mit Kindern und Großeltern, die oft sehr unterhaltsam für einen Beobachter agieren. Notiert eure Gedanken zu deren möglichem Charakter, basierend auf euren Beobachtungen des Verhaltens, der Worte, die sie sprechen, ihres Äußeren, einfach all dessen, was ihr bemerkt. Vergleiche deine Notizen dann mit den Perspektiven der anderen. Mit diesem Schritt wird dir klar, wie unterschiedlich wir Menschen »ticken«, denn alle Beobachtungen sind wahre Empfindungen, realistische Wahrnehmungen, individuelle Beurteilungen und eigene Interpretationen. Es gibt also ganz unterschiedliche Wirklichkeiten.

Diese Übung zeigt uns: Jeder Mensch hat eine andere Sicht auf die Welt – und jede ist gleich gültig. Diese Erkenntnis erleichtert den Umgang mit anderen Menschen, sie hilft uns, leichter Lösungen für Probleme zu finden, und sie öffnet uns die Türen zu neuen Möglichkeiten im Leben.

Ein ebenso wichtiger Baustein zur Gestaltung unserer Wirklichkeit sind die vielen Illusionen, denen wir uns tagtäglich hingeben. Wir hängen wundervollen Träumen nach, bauen fantastische Luftschlösser oder formen trügerische Hoffnungen – der Mensch braucht zuweilen Illusionen, um seine Gegenwart, seine Realität besser erträglich zu machen, oftmals um der bitteren Wahrheit nicht direkt ins Auge schauen zu müssen. Illusionen – Scheinbilder der Wirklichkeit – haben somit eine gewisse Schutzfunktion, doch halten sie uns von der Wahrheit fern.

Jeder Mensch spürt es in sich, das Streben nach Wahrheit, Wahrhaftigkeit und Ehrlichkeit. Doch lernt er schon früh, dass der Ehrliche vielfach der Dumme ist und dass die Wahrheit manchmal ein schnelles Pferd braucht. Also passt er sich an die gesellschaftlich vorgegebenen Normen an, versteckt seine wahren Gefühle und adaptiert die Gedanken seines Umfeldes, die allgemein als Wahrheit akzeptiert werden.

Je länger er dieses Spiel betreibt, umso mehr entfernt er sich allerdings von seinem Ursprung, seiner Quelle, seinem inneren Selbst. Er weiß bald nicht mehr, wer er wirklich ist, hat kein Vertrauen mehr in seine Fähigkeiten, sein Gefühl für seine Werte, spürt keine wahre Aufgabe mehr und gewöhnt sich daran, seine Empfindungen, Lebensvorstellungen und Kindheitsträume zu vernachlässigen, zu ignorieren und schließlich zu vergessen. Er wählt vielleicht den Beruf, mit dem er am ehesten gesellschaftliche Anerkennung erhalten kann, er richtet seine Wohnung ein, wie es in Hochglanzmagazinen empfohlen wird und die Bewunderung des Bekanntenkreises sicherstellt. Sein wahres Leben, sein wirkliches Lebensgefühl, seine Wünsche und Sehnsüchte, all seine Träume aus längst vergangenen Kinderzeiten, all diese wahren und wirklichen Überzeugungen sind durch seine Anpassung an die vorgegebene Wahrheit fast verschwunden, zusammen mit seiner inneren

Stimme, der Stimme seines Herzens, vergraben in den dunklen Tiefen seiner Gedankenwelt.

Im Inneren weißt du genau, wer du wirklich bist, du kennst die Wahrheit, du musst dich nur trauen, wieder Mut zu fassen, nicht die Anerkennung bei anderen zu suchen, sondern bei dir selbst. Du musst dir selbst vertrauen.

Wie fremdbestimmte Ideen die Köpfe der Menschen zu dominieren versuchen, wird offenbar, wenn man die reißerischen Überschriften mancher Gazetten dieser Tage beobachtet. Ihnen zufolge sollen die Gesundheit und das Leben nur noch mit Tabletten, pharmazeutischen Säften zu retten zu sein. Doch stimmt das wirklich? Der Schöpfer hat atemberaubende Sternenwelten, faszinierende Weltmeere, bis ins kleinste Detail durchdachte Pflanzen- und Tierwelten in großartigen Landschaften überwältigender Schönheit mit unfassbarer Vollkommenheit geschaffen. Nur beim Menschen soll ihm das misslungen sein? Wohl kaum! Die Wahrheit lautet: Du bist unendlich stark, du bist mit allem ausgestattet, was du zum Leben brauchst, du bist vollkommen. Du hast sogar einen freien Willen mit auf den Weg bekommen, einen reinen Geist, der dich mit der Schöpfermacht allzeit verbindet, der dich bei deinem Weg der stetigen Fortentwicklung begleitet, der dich faszinierende Abenteuer erleben lässt und dir ein Leben in unendlicher Vielfalt ermöglicht, wenn du dein kreatives Potenzial nutzt und dich nicht von überkommenen gesellschaftlichen Normen – seien sie real oder nur eingebildet – vereinnahmen lässt. Entschlüssele endlich das Rätsel deines Schicksals, dann entdeckst du die Wahrheit.

In der Schulzeit sollen wir mit dem Wissen und den sozialen Fähigkeiten ausgestattet werden, die uns ein Überleben in unserer Gesellschaft ermöglichen. Dort lernen wir aber nicht die ganze Wahrheit über die Existenz und die Bedeutung unseres Erdenlebens. Und wir neigen dazu zu glauben, dass die Bewertung unserer Leistungen nach einem Notensystem, das noch nie unumstritten war, schon alles über uns als Menschen insgesamt aussagt. Ängste, Selbstzweifel und Hoffnungslosigkeit drohen daher unseren Geist zu erfassen und uns von der Illusion der Unvollkommenheit zu überzeugen.

Viele haben sich von der Natur so weit entfernt, dass sie glauben, ohne Fremdbestimmung nicht mehr leben zu können. Im Inneren wissen sie genau, was ihnen guttäte. Doch lassen sie sich immer wieder von Neuem verführen, durch reißerisch präsentierte Zeitungsartikel, vorgeblich wissenschaftlich bewiesene Erkenntnisse, manipulierende Spielfilme, die suggerieren, was wirklicher Erfolg und wahres Glück sein sollen.

Nur wer seinen starken Glauben an sich nicht verliert, die Überzeugung seiner Bedeutung und Notwendigkeit für dieses Erdenleben bewahrt, erkennt seine tiefinnere Weisheit und Stärke. Jeder verfügt über eine Kraft, sich selbst und seinem Umfeld zu helfen. Dein Glaube daran macht es wahr für dich, sodass andere deine Stärke sehen, zu dir kommen, um von deinen weisen Worten und Taten zu zehren.

Tägliche Entscheidungen erschaffen unsere eigene Welt, Wahrheit und Wirklichkeit: Wir wählen Wohnort, Arbeitsstelle, Freunde, Nahrung, Lebenspartner, einfach alles, was unser Leben bestimmt. Irgendwann stellen wir dann vielleicht fest, dass uns vieles daran stört, nicht wirklich zu uns gehört, und sind enttäuscht darüber, dass wir in einer Welt leben, die nicht wirklich zu unseren Gefühlen passt. Wie konnte das passieren?

Nun, dies liegt an besagten Denkmustern und Denkfallen, die unseren Alltag prägen, ohne dass wir das bemerken. Sie entstehen durch unsere kulturellen, gesellschaftlichen Erfahrungen, die Umstände, unter denen wir aufwachsen, durch unsere genetischen Eigenschaften, die unser Wesen, unseren Charakter formen. Und alles, was wir erleben, sagen und denken, wird von diesen Denkmustern beeinflusst. Viele davon sind so verinnerlicht, dass sie unbewusst und automatisch ablaufen und so unsere Entscheidungen und unser künftiges Verhalten bestimmen. Sie beeinflussen unsere Wahrnehmung und schaffen unsere Wirklichkeit.

Wir haben uns dadurch vielfach unbemerkt manipulieren und zu Handlungen hinreißen lassen, die uns sehr enttäuschen können. Die Erkenntnis, dass wir es waren, die für bestimmte Missstände verantwortlich sind, fällt uns schwer oder scheint uns irreal. Da weichen wir doch lieber darauf aus, die Verantwortung dafür bei anderen zu suchen. Wir überschütten sie im Geist oder auch direkt mit Worten der Schuldzuweisungen, versehen sie mit disqualifizierenden Etiketten, was uns mit Genugtuung zu erfüllen scheint. Wir hatten angeblich immer den falschen, inkompetenten Vorgesetzten, der unsere Fähigkeiten nicht schätzte, einen Lebenspartner, der auf unsere Kosten leben möchte, und Freunde, die es nicht wert sind, sich mit ihnen abzugeben. Wir reden uns ein, wir hätten ein schweres Los gezogen, das Schicksal meine es nicht wirklich gut mit uns und wir gehörten zu den viel zitierten Opfern der Gesellschaft.

Hast du schon einmal darüber nachgedacht, dass dir all diese Dinge begegnen, damit du endlich aufwachst und erkennst, dass dein Schicksal etwas Besseres mit dir vorhat? Etwas, was endlich deiner Bestimmung entspricht und nach Verwirklichung strebt? Könnte das der wahre Grund deiner unangenehmen Erlebnisse und Erfahrungen sein? Sollen diese Menschen und Ereignisse vielleicht in dein Leben treten, damit du endlich deine eigene Verantwortlichkeit erkennst, über mögliche Veränderungen zum Besseren nachdenkst und zu handeln beginnst?

Überdenke dein Dasein: Was möchtest du erleben? Wo willst du wohnen? Welche Tätigkeiten erfüllen dich wirklich mit Freude? Mit welchen Menschen möchtest du dich beschäftigen? Wo kannst du sie treffen? Wie soll dein Alltag ausschauen? Wie viele freie Tage hättest du gern in der Woche? Wie viel Geld brauchst du wirklich zum Leben? Auf was könntest du alles verzichten? Was macht dich wirklich glücklich?

Starte nun sofort mit der Beantwortung dieser Fragen. Verschiebe nichts auf morgen, beginne jetzt. Nimm dir einen Stift zur Hand, schreib deine Gedanken auf, lies sie jeden Tag durch. So manifestieren sich deine Ideen wie Glaubenssätze in deinem Leben. Sie graben sich ganz tief in dein Bewusstsein ein, sie werden sich jeden Tag bei dir melden und nach Verwirklichung drängen. Sie werden ständig bei dir anklopfen und die wichtigsten Helfer bei der Neuschöpfung deines Lebens sein.

»Dein Wille geschehe«, so heißt es schon in der Bibel, die von großen Weisheitslehrern geschrieben wurde. Das Wissen um das wahre Lebensglück ist so alt wie die Menschheit selbst. Viele Gelehrte haben es niedergeschrieben, doch wurden ihre Ideen immer wieder in Ideologien verfälscht, die solche Lehren und Wahrheiten unattraktiv erscheinen ließen, sodass sie nicht mehr verstanden wurden und in Vergessenheit gerieten. Die Wahrheit liegt in dir selbst. Dein Schicksal liegt in deiner Hand. Finde deine Wahrheit, lebe deinen Weg, von deiner inneren Stimme gelenkt, der verborgenen, geheimnisvollen Macht deines Geistes. Finde den Pfad deiner wahren Bestimmung, und du gelangst in immer feinere Ebenen deines Seins. Mach dich unabhängig von der Meinung anderer, versteck dich nicht vor unangenehmen Gefühlen, akzeptiere sie und wachse an ihnen. Schaffe deine Realität, kreiere dein Leben und forme deine Wirklichkeit.

Sterne – Wegweiser im Leben

Wir Menschen fühlen uns von den leuchtenden Himmelskörpern magisch angezogen. Wir spüren den großen Einfluss auf unser Leben, denn die Macht des Himmels ist allgegenwärtig.

Vor fast 3000 Jahren versuchten Sterndeuter mit dem Turmbau zu Babel, dem Himmel so nah wie möglich zu kommen, um seine Zeichen und Botschaften besser zu verstehen. Die babylonischen Astronomen

entdeckten den sich stetig wiederholenden Lauf der sieben Himmelskörper Merkur, Jupiter, Saturn, Venus, Mars, Sonne und Mond. Sie lasen aus ihren Beobachtungen eine kosmische Verbindung von Himmel und Erde und begannen an den Zeichen des Firmaments Prognosen abzulesen. Wie im Himmel, so auf Erden, wie oben, so unten, das war der Leitsatz der damaligen Sternenleser, der bis heute nichts von seiner Überzeugungskraft verloren hat.

Gelehrte Männer, die nach dem Stand der Sterne die Gegenwart deuteten und zukünftige Ereignisse vorhersagten: Dahinter steht die Vorstellung, dass die Sterne als göttliche Mächte das Geschehen auf der Erde beeinflussen. Sie wirft Fragen auf: »Woher kommt der Mensch als Teil des Kosmos, wo geht er hin?«

Was bietet sich folglich besser an, als das unendliche Universum zu studieren? Abenteuer Sterne: Das ist, das Weltall mit allen Sinnen zu erleben. Das ist, das Weltall zu bestaunen. Und das ist, das Weltall verstehen zu lernen. Denn wer das Weltall besser versteht, sieht die Welt mit anderen Augen. Und wer die Welt mit anderen Augen sieht, verändert die Sicht auf die Dinge, auf alles Sein und das eigene Schicksal. Die Beobachtung der Sterne ist zudem auch ein »Entschleunigungs«mittel in unserer hektischen Zeit, sie bringt uns in Kontakt mit einer allmächtigen, ja unendlichen Kraft und Energie jenseits unserer sichtbaren Welt.

Die Sterne nehmen uns an die Hand und führen uns durch eine berauschende Dimension mit all ihren fantastischen und faszinierenden Facetten. Sie lehren uns, die Schöpfung mit anderen Augen zu sehen und unser Schicksal danach auszurichten.

Seit Menschengedenken bewegte der Sternenhimmel ganze Kulturen und Völker, entwickelte und beeinflusste Religion, Wissenschaft, Tradition, Leben, das Los unserer Ahnen und unser eigenes Schicksal. Schon die frühesten Kulturen identifizierten Sterne mit göttlichen Wesen, die über ihr Schicksal bestimmten. So ehrten sie diese Geschöpfe mit Räucherungen, Gebeten und Opfergaben, um sie gütig zu stimmen und sich so vor Unheil zu schützen. Man denke nur an das alte Ägypten, in dem der oberste Gott Ra mit dem aus unserer Perspektive hellsten und größten aller Sterne, der Sonne, gleichgesetzt wurde. Im alten Rom finden Sterne ihren Niederschlag im sagenumwobenen Pantheon, ein allen Gestirngöttern Roms geweihtes Heiligtum – Mars, Merkur, Sonne, Mond, Saturn, Jupiter, Venus.

Neben dieser mythologischen Einbindung von Himmelskörpern in die geistige Welt bestimmten Sterne, Planeten (Bezeichnung für »wandernde« Gestirne) und Trabanten schon immer das Schicksal der Menschen mit. Sie halfen beim Navigieren über die endlosen Weiten des Meeres und führten die Seefahrer sicher zu ihren Zielhäfen. Ebenso kündigte das erste Auftauchen des Sirius über dem Horizont des Nildeltas die kommende Nilschwemme an und entschied so über den Zeitpunkt, wann die Bauern die Saat ausbringen mussten, um eine ertragreiche Ernte einzufahren und das Überleben des Volkes zu sichern.

Die Entdeckung, dass die Elemente, die wir in den Sternen und im Gas und Staub um sie herum finden, die gleichen Elemente sind, aus denen sich unser Körper aufbaut, hat die Verbindung zwischen uns und dem Kosmos weiter vertieft. »Gleiches zieht Gleiches an«, heißt es in den Gesetzen des Schicksals. Fühlen wir uns deshalb den Sternen so nah? Wer ganz intensiv an sie glaubt, von ihren subtilen Schwingungen berührt wird, dem öffnen sich die Augen für die verborgenen Kräfte dieser magisch-funkelnden Juwelen. Sie navigieren uns durch unser Leben, trösten in nächtlichen Momenten kaum erträglicher Verzweiflung und bauen uns wieder auf, wenn sie den Schimmer eines hoffnungsvollen Tatendrangs in uns entdecken.

Vor einigen Jahren befand ich mich mit einer Reisegruppe in der Wüste Jordaniens. Wir betrachteten in der Abenddämmerung den sagenhaften Sonnenuntergang auf einer hohen Sanddüne, die uns einen großartigen Blick über die unendlichen Weiten der Wüste ermöglichte und uns in die Tiefen unseres Seins eintauchen ließen. Ein älterer Herr saß neben mir und teilte mir mit, dass er zwar christlichen Glaubens sei, sich aber nicht einreden ließe, dass er aus Staub geschaffen sei, wie man uns in der Bibel glauben machen wolle. Ich lachte auf und teilte ihm mit, dass ich früher auch so dachte, bis mir ein Buch in die Hände fiel, welches mir erklärte, dass wir aus den gleichen chemischen Elementen bestehen, die in den Sternen zu finden sind, und man deshalb von Staub, nämlich Sternenstaub, spricht, wenn es um die Beschaffenheit unserer Körper ginge.

So hatte er es noch nie gesehen, schien aber von der Idee ganz ergriffen zu sein, denn seine Augen leuchteten.

Wir Menschen sind von Natur aus neugierig, interessiert und voller Begeisterung. Diese verleiht uns gleichsam Flügel und macht uns einzigartig in den tiefen Weiten des Universums. Das wissen wir instinktiv, doch haben wir es im Laufe unseres Lebens vergessen. Begeisterung ist angeboren. Sie muss weder trainiert noch entwickelt werden, sie ist wie das leuchtende Sternenmeer am nächtlichen Firmament – unendlich, faszinierend, einmalig und unerschöpflich. Die Sterne verbinden uns mit dieser Urquelle allen Seins, mit den Gedanken unserer Vorfahren, mit dem Allwissen, mit allem, was jemals entdeckt wurde und noch entdeckt werden wird. Es trägt die Antworten auf alle Fragen, wir müssen sie nur suchen und finden, denn alle Botschaften warten schon auf uns im kosmischen Speicher des Alls.

Sämtliche Menschen, die jemals lebten und auch noch in Zukunft leben werden, sehen denselben Sternenhimmel. Dieser wirkt wie heilsame Erinnerungen an längst vergangene Zeiten, als unsere Vorfahren noch auf Erden wandelten, an die wir uns wertschätzend und liebevoll erinnern können. Solche heilsamen Rückblicke beleben unseren Geist, machen ihn beweglich, klären ihn, sorgen für frohe Gefühle an glückliche Stunden, machen uns stressresistent, vermitteln ein Gefühl der Geborgenheit und hellen die Stimmung auf. Alle Gedanken und Worte senden Botschaften an den Himmel. Er ist Speicher allen Wissens, das jemals entwickelt wurde und noch entdeckt wird. Er enthält alle Informationen, die wir für unsere Forschung und Zukunft brauchen. Alle Naturgesetze sind in ihm zu finden, alles, was der Mensch noch entdecken kann.

Der nächtliche Raum über unseren Köpfen hält ein riesiges Spektrum an Faszinierendem und Überraschendem bereit, das erkundet und bestaunt werden will. Der Blick nach oben mit bloßem Auge ist nicht nur ein faszinierendes, nachhaltiges Erlebnis, er überzeugt uns auch von der Unendlichkeit des Seins, von einem Weiterleben nach unserer irdischen Existenz, von einer feinstofflichen, unsichtbaren, anderen Welt.

Besorg dir eine überschaubare Sternenkarte. Sie hilft dir, die Welt der Sterne tiefer zu erkunden. Sie zeigt die schönsten Sternbilder zu jeder Jahreszeit. Es werden der Lauf von Sonne, Mond und Planeten erklärt, Sterne, Sternbilder und atemberaubende Galaxien vorgestellt, und es wird erläutert, wie spektakuläre Himmelsbeobachtungen mit bloßem Auge, Teleskop oder Fernglas funktionieren. Sie zeigen den Sternenhimmel für jeden Monat und jede Himmelsrichtung. So findest du, ausgehend vom Großen Wagen, faszinierende

Sternbilder und magische Himmelsobjekte, die dich mit dem großen Geist des Universums verbinden.

Begib dich mit Notizblock und Stift in einer sternenklaren Nacht auf eine Wanderung durch die Natur. Wie fühlt sich die Kühle an? Wie duften die ruhenden Pflanzen? Vielleicht gehst du auf einem Feldweg am Wald vorbei. Was hörst du? Vielleicht eine Eule? Suche den dunkelsten Ort, wo die Sterne am besten zu sehen sind. Und dann blicke hinauf.

Suche den hellsten Stern. Versuche fantasievoll, die Figuren der Sternenbilder zu erkennen. Wo ist das Band der Milchstraße? Wo der Große Wagen?

Werde dir bei deiner Sternenschau bewusst: Die Zellen deines Körpers, der Sauerstoff, den du atmest, der Kohlenstoff und Stickstoff in deinem Gewebe, das Calcium in deinen Knochen – alles stammt aus Sternenmaterial, das schon vor vielen Milliarden Jahren produziert wurde und immer wieder von Neuem hervorgebracht wird. Was fühlst du in diesen Augenblicken? Notiere deine Gedanken.

Richte Fragen an die leuchtenden Himmelskörper, die dich schon lange bewegen, und lass dich berauschen von den inspirierenden und klaren Antworten der Sterne, die sie dir in Form von geistigen Impulsen senden. Sie helfen dir weiter in dem Labyrinth deines Lebens und offenbaren dir den Einfluss deiner gesamten Handlungen auf dein einzigartiges Schicksal.

Der Nachthimmel symbolisiert den Facettenreichtum unseres Lebens, in dem es unendlich viel zu entdecken und zu bestaunen gibt. Ein Gefühl für das große Ganze entsteht, je länger du das Firmament beobachtest. Du nimmst nichts mehr um dich herum wahr, gerätst in eine magische Trance und erlebst einen Zustand jenseits der irdischen Existenz. Erwachst du wieder, dann kommst du aus dem Staunen über das Wunder deines Lebens nicht mehr heraus und erkennst, dass du das Universum sogar ein klein wenig fühlen konntest.

Der Geist der Zeit

Der Zeitgeist ist die Denkweise, die Gefühlswelt und die Mentalität eines bestimmten Zeitabschnitts. Er manifestiert sich in allen Bereichen der Kultur, der Gesellschaft und im kollektiven Unterbewusstsein und nimmt so Einfluss auf die Lebensgestaltung. Er weckt in uns Sehnsüchte und Bedürfnisse, verkauft uns eine neue Vision vom idealen Leben, bis er plötzlich seine Richtung ändert und uns mit wieder neuen Versprechungen lockt. Auch aus religiösen Bindungen befreite, emanzipierte Menschen unterwerfen sich seinen Verheißungen und Launen oft freiwillig und verzichten auf die Freiheit des Denkens.

Der Zeitgeist bricht sich vor allem dort Bahn, wo traditionelle Orientierungen, Idealvorstellungen und Verhaltensstandards verschwunden sind und eine Lücke hinterlassen haben. Er versucht, unangepasstes Denken und Handeln auszugrenzen und seine Verhaltenserwartungen, Moralvorstellungen, Tabus und Glaubenssätze durchzusetzen, die sich auf das Tun und Lassen sowie die persönlichen Wertvorstellungen des Individuums auswirken. Es geht um eine Wertehaltung, darum, was wir tolerieren und ablehnen sollen. Einen »einheitlichen« Zeitgeist gibt es allerdings auch wieder nicht aufgrund der Vielzahl der Alternativen des Denkens.

Wer sich einseitig ganz und gar dem vorherrschenden Zeitgeist verschreibt, der droht den wahren Sinn seines Lebens zu verfehlen. Er lässt sich von fremden Gedanken manipulieren, wenn nicht gar unterdrücken. So verzichtet er auf sein wahres Lebensglück, schränkt seine grenzenlosen Möglichkeiten in diesem wundervollen Erdenleben massiv ein und verzichtet auf das Gefühl unendlicher Fülle und Freude. Er lässt sich große Bereiche seines Schicksal von anderen vorschreiben und führt das Leben der anderen, aber leider nicht sein eigenes. So gibt er seine Freiheit auf, das höchste Gut eines Menschen auf Erden. Daher ist es zwar wichtig, die Zeichen der Zeit zu erkennen, sie aber nicht vorbehaltlos zu adaptieren und stattdessen achtsam mit ihnen umzugehen.

Der Mensch ist ein soziales Wesen und lebt daher in Gemeinschaft mit anderen. Das kann allerdings auch gewisse »Nebenwirkungen« haben. So hat in der Regel einer eine Meinung, der Zweite weiß es nicht genau und richtet sich mal grob nach dem Ersten, der Dritte hätte zwar schon eine fundierte andere Position, aber will sich nicht wirklich gegen die zwei anderen stellen – zumal, wenn er sich dadurch womöglich unbeliebt macht. Mit der Zeit wird Widerspruch immer schwieriger.

Zunächst unmerklich, nach und nach aber immer weitere Kreise ziehend, entsteht so leicht ein Trend oder Zeitgeist, der nicht mehr den eigenen Wertvorstellungen der darin Involvierten entspricht oder ihnen sogar zuwiderläuft. Passt man sich – ob unbewusst oder wider besseres Wissen – an, unterliegt man einem Selbstbetrug, der bis zur ernsthaften psychischen Krise führen kann und das Schicksal der Betroffenen doch erheblich beeinträchtigt.

Jeder sollte sich Gedanken darüber machen, welche Folgen das Streben nach Konformität und Kongruenz auf das eigene Leben hat. Zuweilen spüren wir, dass die allgemeine Erwartungshaltung zum Teil gewaltige Kräfte an uns zerren lässt und dass sie oft nur schwer zu erfüllen ist. Natürlich erfordert die aktive Vertretung einer abweichenden Meinung mehr Mut, doch das Ausloten der eigenen Ansprüche gegen mögliche Widerstände im Freundeskreis, bei Arbeitskollegen und im übrigen privaten Umfeld kann zu einer ungeahnten emotionalen Befreiung führen und ein Gefühl der eigenen gewaltigen Kräfte und geistigen Größe vermitteln. Wir werden uns dabei immer mehr gewahr, was uns im Innersten ausmacht und weiterbringt. Wir werden ungemein kreativ und erkennen unsere gewaltige Schöpferkraft.

Und letztlich haben auch die anderen mehr davon, wenn sie dich als authentischen und ehrlichen Freund, Partner oder Kollegen an ihrer Seite wissen – loyal, aber nicht devot, konstruktiv, aber nicht unkritisch. Wir kämpfen oft vor dem Fernseher oder im Kino auf der Seite der Helden, der Guten, der Vertreter von Gerechtigkeit und Freiheit, identifizieren uns mit diesen verklärten Lichtgestalten – packen wir es auch im eigenen Leben an! Und zeigen wir Größe, Stärke, Beharrlichkeit und Mut wie die Helden der großen Sagen und Mythen, mit denen wir uns doch schon immer gern identifizierten, weil ihnen der gleiche raue Wind entgegenschlägt wie uns, wenn wir uns unverstanden und abgelehnt fühlen! Geben wir wie unsere Helden nie auf und verteidigen wir unsere Lebensein- und -vorstellung mit dem gleichen Herzblut, auch wenn wir hin und wieder scheitern. Dann stehen wir halt wieder auf und machen weiter. Wir sind kreativ, und wir finden neue Lösungen, Ideen und Wege für ein erfülltes Leben und ein faszinierend magisches und zauberhaftes Schicksal

Hier ein paar Affirmationen, die uns vom Diktat des Zeitgeists befreien und die eigene Meinung manifestieren:

- Ich bin, wie ich bin.
- Ich bin gut.
- Ich weiß, was ich will.
- Ich bin einzigartig.
- Ich bin anders, weil ich anders sein soll.
- Ich bin so, wie die Schöpfung es vorgesehen hat.

Freiheit – Urgedanke der Menschheit

Frei zu sein bedeutet, sein Leben nach den eigenen Visionen und Ideen auszurichten, sein Ich zu leben, sich nicht fremden Vorstellungen zu unterwerfen, »Nein« sagen zu können, wenn die eigenen Bedürfnisse unterdrückt werden. Der eigenen Lebensspur, dem roten Faden, der inneren Stimme zu folgen und die Seele sprechen zu lassen.

Freiheit bedeutet, nicht durch ein System schreiten zu müssen, das dir vorschreiben will, welchen Weg du zu gehen hast. Frag dich immer, ob du deine Handlungsfreiheit voll ausschöpfst und tust, was du wirklich für richtig hältst. Handle stets aus dem Herzen, nie allein aus dem Verstand, dann bleibst du dir treu und wirst in aller Regel nichts bereuen müssen. Du bist immer frei, wenn du nicht das tun musst, was du nicht willst. Lebe das, was dich im Innersten ausmacht, lass dich von niemandem daran hindern. Freiheit besteht darin, seine Berufung zu leben, zu reisen, wohin man möchte, seine Persönlichkeit ungehindert zu entfalten, finanziell unabhängig zu sein, psychisch autark zu sein, das heißt seine eigene Wahrheit zu leben und seinen Intellekt unabhängig zu entwickeln, einfach du selbst zu sein und an jedem Augenblick des Lebens wahrhaft teilzunehmen.

Freiheit ist nicht selbstverständlich, sie liegt auch in unseren westlichen demokratischen Systemen nicht auf der Straße, sondern muss im Laufe des Lebens immer wieder erkämpft, verteidigt und erhalten werden. Sei stets auf der Hut, denn schleichend und unbemerkt werden Umstände auftauchen, die dir deine Freiheit schneller wieder nehmen wollen, als du glaubst – und bemerkst.

Das jedoch ist der Lauf des Lebens, es ist so alt wie die Menschheit und etwas ganz Normales. Dein Einsatz für ein freies Leben, das heißt deine Lebensaufgabe zu erfüllen, bestimmt dein Schicksal, dein Lebensglück und dein geistiges Wachstum; es ist der Kern deiner Existenz. Immer wieder wirst du deine Freiheit verteidigen müssen, denn die Welt dreht sich immer weiter, sie ist in Bewegung, sie lebt und verändert sich ständig. Die Bedingungen und Lebensumstände wandeln sich unaufhörlich und erfordern ein ständig neues Austarieren deiner Freiheit.

Du wirst immer Mittel und Wege finden, dein Wesen, dein Selbst zu leben. Dafür bist du hier auf dieser Welt. Bedenke, du bist frei geboren! Schaffe dir einen Raum der Freiheit, in dem du frei atmen kannst, so sein kannst, wie du wirklich bist.

Nicht immer gelingt das in allen Lebensmomenten, denn dazu reicht selbst das System, in dem wir leben, zu sehr in unsere Privatsphäre hinein. Aber schaffe dir möglichst viele Freiräume, sonst wirst du erdrückt von Gegebenheiten im Außen. Sei heißblütig kühn, mutig und geschickt wie ein Wiesel, um deine Freiheit stets zu behalten und zu verteidigen.

Als Bote aus dem höheren Bewusstsein symbolisiert das Wiesel die Urkraft im Menschen zur Bewahrung seiner Würde und seiner eigenen Freiheit. Der Sage nach soll es das geheime Kraut der Unsterblichkeit kennen, das den Menschen stets an seine Unabhängigkeit, Selbstständigkeit und Eigenverantwortlichkeit erinnert. Es sorgt sozusagen dafür, dass in Phasen der Unterdrückung niemals die Flamme der Freiheit erlischt und immer weiter brennt. Im geeigneten Moment wird sie dank ihrer Unberechenbarkeit und Kreativität mit Intelligenz als loderndes Feuer hervorbrechen und sich weiter verbreiten als jemals zuvor.

In unserem Innern ruht eine Schatzkammer, die die Kostbarkeiten des freiheitlichen Denkens und Handelns bewahrt, sie für immer bis in alle Ewigkeit speichert.

Freiheit ist wie gesagt ein Zustand, in dem du frei von bestimmten persönlichen oder gesellschaftlichen, als Zwang oder Last empfundenen Bindungen oder Verpflichtungen unabhängig bist und dich in deinen Entscheidungen nicht eingeschränkt fühlst. Erfahrungsgemäß empfinden wir leider des Öfteren solche Einschränkungen, sodass wir Wege hinaus finden müssen. Es sind gleichzeitig Pfade der geistigen Reife, einer spirituellen Entwicklung zu höherer Erkenntnis. Gleichzeitig streifen wir dabei wieder Grenzen der Anderswelt, die uns ständig zur Verfügung stehen, um als Gewinner hervorzutreten.

Ein freier Mensch tritt souverän auf, das heißt selbstbewusst, unabhängig und offen für andere Menschen und Meinungen. Er verwirklicht seine Lebensvorstellungen und übernimmt die Verantwortung über sein Schicksal. So gelingt es ihm, seine Würde zu bewahren.

Viele Menschen der modernen Zeit setzen Freiheit irrtümlich mit dem Gefühl des Versorgtseins gleich und wälzen ihre persönliche Verantwortung und Haftung auf ihre Mitmenschen ab. Das wäre so, als ob ein rundum versorgter Löwe im Zoo frei wäre und sein Pendant in freier Wildbahn in Gefangenschaft lebte, weil er sich und seinem Überleben völlig selbst überlassen ist. An die Stelle der freien Entscheidung ist zunehmend eine Bevormundung getreten, die den Menschen heimlich, still und leise nicht nur in seiner Freiheit massiv einschränkt, sondern ihm auch damit das Gefühl von Neugierde, Glück, Lebensenergie und Leichtigkeit nimmt. Freiheit gibt jedem Einzelnen die Gelegenheit, alle Möglichkeiten, die in ihm oftmals verborgen ruhen, zu finden, sie zu verwirklichen und über sich selbst hinauszuwachsen.

Jeder ist Schöpfer unendlich vieler Optionen, die durch freie Gedanken assoziiert werden. Viele kommen erst über zahlreiche Umwege zu ihren Begabungen und Talenten. Sie finden dennoch zu neuen Facetten ihres Lebens, die sie niemals für möglich gehalten hätten. Oft ersehntes Lebensglück stellt sich dann plötzlich wie von ganz allein ein, nach einem beständigen Schaffensprozess, der nur noch eines kleinen, unscheinbaren Funkens bedurfte.

Wenn die Freiheit besteht, vieles auszuprobieren, kann selbst der scheinbar Unbegabteste großartige Talente und Fähigkeiten entwickeln. Freiheit zu leben bedeutet, eine Reise zu uns selbst zu unternehmen, Seiten in uns kennenzulernen, die wir selbst noch nicht kannten, und so zu unserem authentischen Selbst, zu unserem wahren Ich zu finden.

PFADE ZUR GEISTIGEN STÄRKE

Das Leben stellt uns viele Hindernisse in den Weg, manche sind leicht zu nehmen, andere bringen uns an den Rand der Verzweiflung. Ihr gemeinsames Ziel liegt darin, unsere geistige Stärke und Kraft zu fördern. Sie sind die Quelle für spirituelles Wachstum, Entwicklung und ein gelingendes Leben. Ob gesammelte Erfahrungen, Gedanken oder die sinnliche Bereicherung über Wildpflanzen – die Boten der unsichtbaren Welt: Alle arbeiten als Lehrmeister für unser geistiges Fortkommen und unsere mentale Stärke.

Spiritualität –
die Verbindung mit dem Kosmos

All die Wege, die uns zu einem erweiterten Bewusstsein, in die Welt des Unsichtbaren führen und mit der Kraft allen Seins und dem alles beherrschenden Geist verbinden, sind gelebte Spiritualität. Gleichzeitig bedeutet sie Atem, Geist, Begeisterung und Sinn. Es handelt sich dabei um eine Grenzüberschreitung – Transzendenz – in die nächste Dimension mithilfe des Hellsehens und Hellhörens.

Dies geschieht sehr gut im Dialog mit der Seele, die uns in Bereiche führt, die dem Alltagsdenken weitgehend abhandengekommen sind und die uns nun dazu auffordern, die eigene Bewusstseinsebene zu erweitern. So erkennen wir, dass wir Geistwesen sind, die hier auf der Erde in einen Körper geschlüpft sind, um Erfahrungen zu gewinnen, die nur auf der materiellen Ebene erlebbar sind. Es war wie gesagt deine bewusste Entscheidung, auf die Welt zu kommen, damit deine Seele wichtige und kostbare Einsichten sammeln kann. Du wolltest lernen, mit dem Herzen zu denken und zu erkennen, zu erfahren, was für dich gut und schlecht ist, und das Gesetz der Polarität zu erfahren. Du sollst deine Talente, Liebe und Begeisterung auf diesen Planeten bringen, um hier das Paradies zu erkennen. Dieses vermuten die Menschen immerwährend in einer anderen Dimension, doch es ist genau hier, an diesem Ort, an dem du gerade lebst, singst, strahlst, diese Zeilen liest und dein Herz zum Singen bringen kannst.

Folge immer der Stimme deines Herzens, dann lebst du spirituell.

Spirituelle Quellen wie tiefe Meditation, mystische Rituale, bewusstseinserweiternde Fußmärsche durch die beseelte Natur, gesprochene und in Gedanken formulierte Gebete verbinden uns mit dem allzeit gegenwärtigen Geist, der Kraft, die in jedem Lebewesen, jedem Stein, jedem Berg, jeder Blume, jedem Fluss, Teich und See, einfach überall wahrnehmbar ist. Sie alle helfen, das eigene Schicksal zu deuten, zu verstehen, die eigene Aufgabe und den Sinn seines Lebens zu erkennen. Leidenschaftlich gelebte Spiritualität öffnet die Tore zu einem zauberhaften Leben voller Magie und Abenteuer. Langeweile gehört der Vergangenheit an, sprudelnder Lebensgeist, Frohsinn und grenzenlose Begeisterung bereichern jeden Moment des irdischen Aufenthalts.

Die Sehnsucht nach Spiritualität lässt uns die Geheimnisse des Lebens finden, die Mysterien der Schöpfung und die Wunder allen Seins. Sie weckt unsere Neugierde und schickt uns auf die Entdeckungsreise zu neuen, unbekannten geistigen Welten voller unendlicher Schöpfungskraft. Wir spüren die endlose Zahl von »Alternativen« und Möglichkeiten zur Lösung aller Herausforderungen des Lebens. Beginnen wir jetzt, in diesem Moment.

Spirituelle Rituale strukturieren den Tag, die Woche und das Jahr, du findest mit ihnen zur inneren Ruhe – und so zum tieferen Sinn des Lebens. Sie vermitteln Sicherheit, Orientierung, Schutz und Trost. Denn in diesen regelmäßigen Übungen hältst du inne und bist ganz bei dir. Überlege dir ein spirituelles Ritual zum Aufwachen, für die Mitte des Tages sowie abends vor dem Einschlafen:

Morgenritual: Eine angenehme, sanfte Melodie als Weckton in den frühen Morgenstunden streichelt die Sinne und zaubert ein Lächeln auf deine Lippen. Steh zeitig auf, öffne das Fenster, atme tief ein und aus, konzentriere dich auf den Duft des erwachenden Morgens, strecke dich nach Belieben, führe einige Dehnübungen durch und genieße den Morgenhimmel.

Was siehst du? Wolken? Graue, weiße, dicke, dünne? Spürst du ihren Geist? Welche geheimnisvollen, kosmischen Botschaften offenbaren sie dir?

Oft weckt dich auch die Morgensonne am blauen Himmel. Lass dich von ihren ersten Strahlen streicheln und verschmelze mit ihr. Auch sie verrät dir die Geheimnisse für deinen Tag. Lass ihn langsam angehen, trinke zunächst eine Tasse Tee und lass deine Gedanken wandern. Was willst du an diesem Tag erleben? Welche schönen Dinge kannst du kaum erwarten? Mach aus jedem Erlebnis ein Abenteuer, auch wenn schwierige Ereignisse bevorstehen, nimm sie locker und leicht, dir kann nichts passieren, du bist ein freier Mensch, alle Erfahrungen des anstehenden Tages sind Reifeprozesse, nimm sie so, wie sie kommen, sei offen für alles, was geschieht.

Es gibt so viele Möglichkeiten, den Tag zu beginnen. Probiere dein Ritual so lange aus, bis du es kaum noch erwarten kannst, morgens aufzustehen. Wichtig dabei ist, dass du es deinen Bedürfnissen angleichst, die für gute Stimmung sorgen.

Mittagsritual: Öffne das Fenster, atme dreimal tief ein und aus, strecke deine Arme über den Kopf nach oben, um dich selbst so groß wie möglich zu machen. Steige auf die Zehenspitzen und versuche im Geiste, die Decke zu berühren.

Das Strecken und Vergrößern des Körpers ist ein unbewusstes Signal für Stärke und Selbstbewusstsein, das sich vom Verhalten auf die Gefühlslage überträgt. Du spürst deinen Körper, du merkst, wie er wächst und wie dein Ziel in greifbare Nähe rückt. Die Ziele deines Lebens: wie nah sie sind! Du brauchst nur danach zu greifen, streck dich noch ein wenig, und schon hältst du sie in der Hand. Dein Geist spürt es, du wirst sie zu fassen bekommen und verwirklichen.

Bald entsteht daraus eine Gewohnheit, die das Unterbewusstsein täglich einfordern wird, um für gute Laune, Hoffnung und Zuversicht zu sorgen und um den geheimnisvollen Weg zur inneren Quelle zu finden!

Ritual zum Mittag- und Abendessen: Eine Form der spirituellen Reinigung ist das Händewaschen vor den Mahlzeiten. So begegnest du der Nahrung mit Würde und Demut, zeigst deine Wertschätzung und Dankbarkeit. Den Effekt kannst du noch verstärken, wenn du neben den Wasserhahn eine kleine Vase mit einer Blume stellst. So erhöhst du schon die Energie der Nahrungsaufnahme.

Zünde dir zu jedem Essen eine Kerze an. Ihre Flamme sorgt für eine ruhige und zugleich festliche Stimmung. Sie verbindet dich mit deinem Inneren, deiner Seele, und sie lässt dich einen Hauch der Unendlichkeit deines Seins spüren, deiner Gewissheit des Ewigen. Jeder Bissen deiner köstlichen Nahrung macht dir in dieser Atmosphäre bewusst, wie köstlich die Früchte aus dem Paradies der Schöpfung sind. Mahlzeiten sind Zeitpunkte, um dem Göttlichen zu begegnen, dem Faszinierenden, Numinosen, dem Geheimnisvollen, geschaffen aus dem Nichts.

Einschlafritual: Vermeide es, die letzte halbe Stunde vor dem Zubettgehen auf einen Bildschirm zu schauen. Lies ein Buch oder eine Zeitschrift, zünde auch dabei eine Kerze an, trink noch ein Glas Wasser oder eine Tasse Kräutertee. So beruhigst du deinen Geist und schläfst schon bald ein, wenn du die Augen schließt (vorher solltest du aber die Kerze löschen).

Wenn irgendwie möglich, positioniere dein Bett so, dass du aus dem Fenster schauen und die Sterne wie den Mond beobachten kannst. Während du schläfst, werden sie dir Geheimnisse deines Schicksals zuflüstern; und wenn du wirklich willst, dann wirst du dich beim Aufwachen sogar an diese erinnern.

Wer den spirituellen Pfad einschlägt, beginnt sich selbst zu lieben und wird authentisch, denn er begreift, dass emotionaler Schmerz und Leid Warnzeichen sind, wenn er gegen seine Bestimmung lebt. Er lernt, sich und seine Mitmenschen mit Respekt zu begegnen, indem er anderen nicht seine Wünsche und Überzeugungen aufzwingt. Geistige Reife wird ihn belohnen, wenn er sich nicht nach dem Leben der anderen sehnt, sondern den Reichtum seiner eigenen irdischen Inkarnation wahrnimmt. Seine spirituellen Erfahrungen schenken ihm Selbstvertrauen und das Verständnis, dass er zu jeder Zeit am richtigen Ort weilt. Dass alles richtig ist, was ihm widerfährt, und dass er daher gelassen durch sein Leben schreiten kann.

Er wird die schwere Bürde verlieren, die Einfachheit des Seins kennenlernen, sobald er nur solchen Tätigkeiten nachgeht, die sein Herz zum

Lachen bringen. Die sich so entfaltende Selbstliebe wird ihn lehren, sich von allen Menschen, Objekten und aus allen Situationen zu befreien, die sich nicht gut anfühlen. Das Gefühl, immer recht haben zu wollen, wird obsolet, und er entdeckt, dass diese Einstellung ihn weniger irren lässt. Schließlich wird er zum gleichen Schluss kommen wie schon andere Philosophen vor ihm, nämlich dass wir geistige Wesen sind, die menschliche Erfahrungen machen wollen.

Seit mindestens 100 000 Jahren sind Menschen aus allen fünf Kontinenten von der Existenz einer spirituellen Welt überzeugt. Aus dieser empfangen sie Träume, Geister und begegnen Göttern, und in diese treten ihre Verstorbenen ein, wenn sie das Diesseits verlassen. Seit 30 000 Jahren sind schamanistische Praktiken nachweisbar, die den Umgang mit dieser Welt rituell regeln, das Bewusstsein erweitern und heilen. Spiritualität ist ein universales Phänomen, das auch für den heutigen modernen Menschen Wege zur geistigen Dimension öffnet und seine Seele an die Schwelle des verborgenen, jenseitigen Paradieses heranführt. Sie schafft einen sakralen Raum, in dem sich die Seele der Natur ausdrücken und sich den tieferen Dimensionen des Seins Zugang verschaffen kann.

Spiritualität öffnet vielen Zeitgenossen neue Sichtweisen über das Universum, den Sinn menschlichen Lebens und das Schicksal von uns Menschen. Sie lässt uns zu den eigenen Wurzeln finden und wirkt sich wohlwollend und heilend auf unseren Körper, unseren Geist und unsere Seele aus. Sie offenbart sich in der freien Natur, in jeder Zelle unserer grünen Mitbewohner, in jedem Tier, das uns auf den Streifzügen durch Midgard begegnet und neugierig wie geheimnisvoll nachschaut.

Ebenso gewinnen wir spirituelle Erfahrungen aus Erlebnissen in alten Märchenbüchern und Erzählungen über Götter, Geister, Elfen, Feen und Zwerge, die schon unsere Ahnen während ihres irdischen Lebens über den faszinierenden Zauber der Anderswelt unterrichteten. Diese Wesenheiten flüsterten ihnen längst vergessene Traditionen über Heilkräfte zu, warnten sie vor dämonischen Kräften, die über sie herrschen wollten, und ließen den Schleier der unsichtbaren Verführungen finsterer Mächte entschwinden.

Stetig verurteilende Gedanken über unser eigenes Tun oder Schuldzuweisungen anderer sind die Dämonen der heutigen Zeit, die unser Leben zerstören können. Eine gesunde Spiritualität hilft uns, sie abzuwehren, Verantwortung für uns selbst zu übernehmen und uns unsere Freiheit niemals stehlen zu lassen. Unser Körper ist eine nie versiegende Quelle voller Selbstheilungskräfte, die durch spirituelle Rituale ganz leicht aktiviert werden können.

Laufe barfuß über Wiesen, durch den Wald, und spüre das Leben des Erdbodens, jeden Kiesel, jede Baumwurzel und jeden Grashalm. Rieche den Duft der Kräuter, Blumen und Beeren, berühre und schmecke sie, wenn du dich gut mit ihnen auskennst. Erkundige dich über deren Sagen, Märchen und Heilwirkungen. So baust du dir einen kostbaren Schatz an Naturspiritualität auf, den du auf einem Blatt notieren und in edlen Schatullen aufbewahren solltest, um ihn vor dem Vergessen zu schützen und ihm hohe Wertschätzung entgegenzubringen. So säst du die Samen deines Lebensglücks, deines Schicksals, das dich mit der allseits gegenwärtigen höheren Macht des Universums verbindet.

Die kosmische Kraft des Verlierens

Wir leben in einer Leistungskultur, in der unser Wert an unseren Erfolgen gemessen wird. Für Niederlagen und Misserfolge scheint da kein Platz zu sein. Scheitern ist tabu. Wer gescheitert ist, gilt als Versager, steht mit einem angekratzten Selbstwertgefühl da und verliert nicht selten den Boden unter den Füßen.

Das klingt im ersten Moment sehr negativ, ist es aber mitnichten. Und selbst in die Managementliteratur hat die Erkenntnis längst Einzug gehalten: Verlieren stärkt den Charakter, wenn das Gefühl des Versagens überwunden ist, denn wenn wir verstehen, *warum* wir etwas nicht geschafft haben, gewinnen wir an geistiger Größe, Gelassenheit und Lebensglück. Unser Scheitern bringt zunächst Emotionen wie Traurigkeit, Scham und Wut mit sich. Es kränkt uns für den Moment, weil das Gefühl entsteht, etwas nicht gut genug gemacht zu haben. Besonders bei Misserfolgen in der Schule, in der Arbeit, in der Liebe, bei Wettkämpfen aller Art und in Angelegenheiten, die uns wichtig sind, fühlen wir uns dann oft niedergeschlagen und ohne jede Hoffnung. Und dennoch steckt in genau diesem Prozess auch so viel Potenzial!

Wie fast immer im Leben sind es nämlich emotional aufregende Situationen, die eine Veränderung in uns herbeiführen. Und zwar die Entwicklung von Charaktereigenschaften, die dafür sorgen, mit den kleinen und großen Kränkungen des Daseins fertigzuwerden, etwa mit den folgenden beispielhaften Situationen vermeintlichen Scheiterns:

- ✸ Wir werden beleidigt, erniedrigt und lächerlich gemacht.
- ✸ Wir erhalten die Kündigung des Arbeitsplatzes.
- ✸ Wir bekommen selbst nach zahlreichen Bewerbungsschreiben immer nur Absagen.

- Wir verlieren einen Gerichtsprozess, obwohl wir im Recht sind.
- Wir werden unfair von den Vorgesetzten behandelt.
- Wir werden Opfer übler Nachrede.
- Wir erhalten schlechte Noten für schulische Leistungen.
- Wir werden von unserem Partner betrogen.

Das Gefühl, anderen unterlegen zu sein, löst zunächst eine erhebliche Portion Frustration aus, das Empfinden von gnadenloser Ungerechtigkeit, Ernüchterung und Desillusion lässt uns dann tage- oder wochenlang nicht mehr los. Wir spielen die verhängnisvollen Situationen immer wieder durch, Fragen in verzweifelten Nächten nach der Quelle des Übels lassen uns nicht mehr los.

Wenn du nicht aufgibst und dich immer wieder nach dem »Warum« fragst, wird es dir irgendwann wie Schuppen von den Augen fallen. Du wirst die Wahrheit vor deinem geistigen Auge sehen. Suche, dann wirst du sie finden. Wenn du ehrlich zu dir selbst bist, wird das Universum dir die Antwort schicken. Du wirst erfahren, ob es »nur« natürliche Hindernisse auf dem Weg deiner Lebensaufgabe sind oder ob du deinen Pfad durch dein irdisches Dasein verändern musst, ob du schon auf dem Weg deiner Bestimmung bist oder ob du andere Wege einschlagen sollst.

Wenn du bereit bist, deinem vorherbestimmten Weg zu folgen, wirst du die Hürden dorthin immer überwinden können und dich zu einer stabilen und selbstbewussten Persönlichkeit entwickeln, die mit den großen und kleinen Schwierigkeiten des Lebens souverän umgehen kann. Kränkungen wegzustecken, mit Enttäuschungen umzugehen und Rückschläge auszuhalten, ohne dabei aggressiv oder depressiv zu agieren, fördert und erhöht unsere Frustrationstoleranz und lässt uns das Leben leichter nehmen. Uns wirft nichts mehr so schnell aus der Bahn, wir sehen immer noch das Licht am Ende des Tunnels und freuen uns darauf, endlich anzukommen. Gelegentliche Selbstzweifel treten immer mehr in den Hintergrund.

Enttäuschungen führen zwar immer wieder zu traurigen Momenten, aber wir ziehen positive Schlüsse aus solchen Situationen, und sie münden in konstruktive Handlungen. Wer zu verlieren lernt, macht sich das Leben also leichter. Nebenbei werden ganz automatisch tugendhafte Eigenschaften wie Verantwortung, Weisheit, Klugheit, Tapferkeit, Gerechtigkeit, Mut, Durchhaltevermögen, Besonnenheit und Selbstbeherrschung gestählt. So gelingt es uns, mit den Hindernissen und Niederlagen im Leben gelassener umzugehen und unseren Charakter zu veredeln. Die Kunst, angemessen mit dem Verlieren und Scheitern umzugehen, bestimmt also ganz entschieden unser Schicksal mit.

Um nicht mehr nach jedem Scheitern in tiefe mentale Abgründe zu stürzen, lohnt es sich, das Vertrauen in das eigene Handeln aufzubauen und Kontakt mit der inneren Stimme zu knüpfen. Dies gelingt besonders gut bei Wanderungen in der Natur, in den Bergen oder über das endlose Land, um sich neuen Herausforderungen zu stellen und seine Kräfte zu erproben. Grandiose Gipfelerlebnisse oder auch lange Märsche durch wilde, ursprüngliche Wälder und über blühende bunte Wiesen bringen die Seele zum Tanzen.

Beim Wandern spüren wir unsere physischen, psychischen und mentalen Kräfte; wir lernen unsere Körperenergie kennen, Ausdauer und Durchhaltevermögen; empfinden unsere persönlichen Grenzen und die Macht der Selbstmotivation. Der stundenlange Streifzug durch das Paradies der Schöpfung schafft Vertrauen ins eigene Handeln, stärkt die mentalen Kräfte und ist eine gute Lebensschule. Auf den Wegen schweifen unsere Gedanken, sie spüren die Kraft der Pflanzen, die Farben der Wiesen und Kräuter, den Himmel mit seinen fantasievollen Wolken, die wärmenden Sonnenstrahlen, den Hauch des Windes und die unterschiedlichsten Temperaturen.

Diese tiefen Erfahrungen, die uns Aktivitäten in der Natur zuteilwerden lassen, können also auch die Frustrationstoleranz erhöhen und den Umgang mit Misserfolgen besser überwinden lernen. Wer das Gefühl hat, ob seiner schicksalhaften Misserfolge auf der Seite der ewigen Verlierer zu stehen, der sollte sich die Natur zum Freund nehmen. Hier warten bei jedem Streifzug unter freiem Himmel die Gesänge der Vögel, der Duft der Bäume und Blumen und das Rauschen der Gewässer auf dich, um mit deiner Seele Kontakt aufzunehmen, sie zu trösten und ihr zuzuhören. Sie alle senden dir Impulse und Signale, die du in Diamanten des Lebens verwandeln lernst. Sie eröffnen dir neue Wege des Daseins und der Denkweise und führen dich zur inneren Freiheit, Selbstständigkeit, zu Lebensglück und zu jenen geheimen Zielen in deinem Herzen, die du nie aufgegeben hast.

Erfahrungen mit dem Leid des Verlierens bedeuten einen Quantensprung in der Entwicklung der eigenen Persönlichkeit. Ähnlich einem Initiationsprozess geschieht damit die Einweihung in eine neue geistige Reifestufe der Weisheit. Eigenschaften wie Offenheit für neue Perspektiven, Einfühlungsvermögen, Hinterfragen von Gegebenheiten, ein kluger Umgang mit den eigenen Gefühlen und Selbstvertrauen erreichen eine intensivere Ausprägung. Sie bedeuten kostbare Wegweiser im Leben, um sich selbst, sein Umfeld und die verschiedensten Situationen im Laufe der Zeit besser zu verstehen. Dadurch kann ein starkes Selbstbewusstsein entwickelt werden.

Ebendieses Selbstbewusstsein bildet die wichtige Voraussetzung für die Fähigkeit zur Selbsterkenntnis. Selbsterkenntnis in diesem Zusammenhang ist der Wissenserwerb über die eigenen Wünsche, Fähigkeiten und unendlichen Möglichkeiten der Zielerreichung als Voraussetzung für die Selbstverwirklichung. Diese wiederum bringt uns näher zu unserer Lebensaufgabe, unserer Vollkommenheit und dem Glück und Sinn unseres Daseins. So gehen wir voller Tatendrang, Motivation und Energie durch den Tag, verwirklichen unsere Träume und lenken unser Leben in die richtige Richtung.

Plane Zeit für dich ein, höre auf dein Bauchgefühl, halte deine Gedanken schriftlich fest und integriere die Vorschläge regelmäßig in deinen Wochenablauf.

Erstelle eine Liste deiner größten Talente und Fähigkeiten, deiner kostbaren Charaktereigenschaften und deiner wichtigsten Wertvorstellungen:

- Überlege dir, was dir wichtig ist, dich motiviert und welche Ziele du im Leben erreichen möchtest.
- Frage dich, auf welche Leistungen oder Errungenschaften in deinem bisherigen Leben du besonders stolz bist.
- Was möchtest du noch alles erleben?
- Was schätzt du an dir am meisten?
- Was verletzt dich?
- Was würdest du niemals aufgeben wollen?
- Welche Zeichen hättest du als Warnung ansehen sollen?

- Was möchtest du in zukünftigen ähnlichen Situationen anders machen?
- Was kannst du Positives aus deinen Niederlagen herausziehen?
- Lebst du ein Leben, das man von dir erwartet, oder lebst du das Leben, für das du geschaffen wurdest, das du im Herzen spürst und nach dem du dich in deinen geheimen Träumen sehnst?

Schreib die Antworten in ein kleines Notizbuch und lies sie jede Woche in einem stillen Moment durch. Überleg dir, was du sofort in Angriff nehmen kannst, jetzt gleich, in diesem Moment.

Verlieren kann jeder, der etwas versucht und riskiert; und so kann auch jeder zunächst einmal zum Verlierer werden. Ob man ein Verlierer bleibt, ist hingegen eine Frage der Einstellung. Wer in Selbstmitleid versinkt, den Mut verliert, aufgibt und dem Schicksal seinen Lauf lässt, ohne initiativ zu werden, wird auch in Zukunft ähnliche Erfahrungen machen müssen.

Für viele Menschen ist eine Niederlage nur eine Zwischenstation, ein kurzer Rückschlag auf dem Weg zum langfristigen Erfolg. Verlieren ist völlig normal, es gehört zum Leben dazu, wenn du deinen Horizont erweitern, Neues ausprobieren oder Veränderungen anstreben möchtest. Nur wer wagt, gewinnt, auf dem Weg zur Zielgeraden gibt es immer Hindernisse, an denen wir scheitern. Doch irgendwann sind wir reif genug, diese Hindernisse zu überwinden und letzten Endes aus alledem als Sieger hervorzugehen.

Der Geist der Gedanken

Wie du denkst, so lebst du, und wie du lebst, so formst du dein Schicksal. Diesen Schlüssel zu einem selbstbestimmten Leben finden wir schon in alten Schriften wie der Bibel sowie in traditionellen westlichen und östlichen Philosophien und Denkweisen.

Eigene Gedanken zu entwickeln und sein Leben danach auszurichten, fällt vielen schwer. Oft sind sie zu bequem, eigene Ideen zu formen, und passen sich lieber den vorgegebenen Denkmustern an. Wenn dann ein heller Geist mit neuen, ungewohnten, aber sehr kreativen Gedanken einen Vorstoß wagt, wird dies vielfach als »Ruhestörung« abgelehnt.

Bedenke also: Falls die Gesellschaft dir und deinen innovativen Ideen mit Spott begegnet und dich verhöhnt, dann bist du mit großer Wahrscheinlichkeit auf dem richtigen Weg. Ob Gandhi, Galilei oder Kepler – um nur einige faszinierende Denker der Menschheitsgeschichte zu erwähnen –: Sie alle mussten genau diese Erfahrung machen und bekamen am Ende dennoch recht. Auch wenn es ein schwerer, steiniger Weg ist, so bist du es, der dafür vorgesehen ist, die Menschen auf einen reiferen Glückspfad zu bringen.

Nachdenken bringt deine Persönlichkeitsentwicklung voran, und du erlangst ein neues Niveau an Glück, Gelassenheit, Stressresistenz und Zufriedenheit. Es ist der Schlüssel zur Selbstliebe. Wahres Glück und wahre Zufriedenheit, sei es im Privatleben, im Beruf oder in einer Beziehung, findest du nur dann, wenn du lernst, dich selbst zu lieben und zu akzeptieren sowie so zu leben, wie du bist: mit allen Ecken und Kanten, mit allen Stärken und Schwächen.

Wie leicht du die Schöpferkraft deiner Gedanken feststellen kannst, siehst du ganz einfach an der Einrichtung deiner Wohnung, deines Hauses und an der Gestaltung deines Gartens. Sie dienen als Spiegel deiner Seele, die sich in deinen Gedanken offenbart. Gewöhnlich gestaltet der Mensch sein Zuhause genau nach seinen Vorstellungen und Ideen. So fühlt er sich geborgen, sicher, glücklich und beschützt. Es ist sein Rückzugsgebiet, in dem er Kraft tanken kann, wenn gerade alles um ihn zusammenzubrechen droht. Fühlst du dieses Wonnegefühl nicht, dann erkennst du, dass du andere über dich bestimmen lässt und nicht wirklich selbst denkst. Du hast dich aufgegeben und bist nicht mehr du. Einsamkeit, Traurigkeit und Niedergeschlagenheit brechen sich Bahn in deinem Leben, übernehmen die Herrschaft über dich und dein Schicksal. Lass es nicht so weit kommen.

Sollte diese Schwelle schon überschritten sein, dann starte jetzt mit deiner Veränderung: Denke selbst, gestalte selbst und bestimme wieder eigenmächtig über dich und dein Schicksal. Wohnst du in einer

Gemeinschaft, dann musst du nicht gleich ausziehen, es reicht, wenn du dir deine Rückzugsorte einrichtest beziehungsweise zurückholst, deinen Fantasien und Gedanken freien Lauf lässt und danach deine Umgebung gestaltest. Gleiches gilt für deinen Bekanntenkreis, deinen Beruf und die gesamte Art und Weise, wie du dich und deine Umgebung gestaltest. Welche Kleidung du trägst, wie du dein gesamtes Äußeres stylst, ob du dir von anderen vorschreiben lässt, was du zu tragen hast, oder ob du selbst über deine Erscheinung in der Öffentlichkeit bestimmst. Denken bedeutet, selbstbestimmt zu leben, sein Schicksal selbst in die Hand zu nehmen, Freiheit zu leben und vor allem sich diese nicht wegnehmen zu lassen und seiner göttlichen Bestimmung zu folgen. Allzu oft erwischen wir uns dabei, das Denken anderen zu überlassen, weil es einfacher und bequemer erscheint, der Trägheit zu frönen, uns unterhalten zu lassen und wichtige Komponenten des Lebens zu delegieren. Dies beruht auf dem falschen Vertrauen darauf, dass andere Personen es schon für uns richten, für uns denken werden und unser Schicksal in ihre Hände nehmen.

Die Gedanken, die du wählst und verfolgst, schaffen dein Schicksal, sie formen deinen Charakter und entscheiden über Paradies oder Hölle in deinem Leben. Du bist, was du denkst, und die Summe deiner Gedanken gestaltet dein Wesen und die Umstände, in denen du lebst. Mit deinen Gedanken erhältst du den Schlüssel zu deinem Lebensglück, deshalb ist es ratsam, auch Gedanken anderer Personen einzuholen, zu analysieren, abzuwägen und zu entscheiden, ob sie für die eigenen Lebensumstände förderlich oder hinderlich sind.

Schöpfe aus der unendlichen Quelle unerschöpflicher Ideen und Alternativen für deine momentane Situation. Du kannst sie jederzeit transformieren und neu ausrichten, wenn du dich dafür entscheidest. Nimm deine Gedanken wahr, überprüfe und verändere sie, beobachte die Wirkung auf dich, dein Umfeld und deine Lebensumstände. Orientiere dich nach der Harmonie, die sich einstellt, und lass Ideen wieder gehen, die sich nicht gut anfühlen.

Die Denkweise bestimmt dein Handeln und bringt dich in die Situation, in der du dich gerade befindest. Gefällt dir die momentane Ausgestaltung deines Lebens nicht, dann ändere deine Gedanken, sie formen neue Ziele und führen dich zu neuen Abenteuern, die so zahlreich auf dich warten wie Sandkörner in der Wüste.

Dein irdisches Leben bedeutet spirituelles Wachsen und Entwickeln, es bedeutet stetige Veränderung, solange du lebst. Stillstand gibt es nicht, du wirst ständig Neues erleben, auch wenn du nichts unternimmst. Du wirst das Leben nicht aufhalten können, selbst wenn du dich einsperrst und nichts mehr tust, altert dein Körper, verwittert dein Haus und wandeln sich Wertvorstellungen und Lebensweisen der Gesellschaft draußen auf der Straße. Nur weil du vor allem die Augen verschließt und nichts sehen willst, bedeutet dies nicht Stillstand, sondern nur Illusion, die dich erschrecken wird, wenn sie dich eines Tages zum Aufwachen zwingt.

Sobald du deine schöpferische Kraft entdeckst, wirst du unüberwindbare Mauern mit einem Gedanken zum Einstürzen bringen. Der Geist deiner Anschauungen bringt dir Leid und Glück, Armut und Wohlstand, er formt deine Wirklichkeit und deine Illusion. Wie du weißt, erreichst du durch den Geburtskanal deiner Mutter diesen paradiesisch Blauen Planeten Erde und gelangst sofort in die Lebensumstände, die du vor deiner Geburt ersonnen hast, um bestimmte Erfahrungen zu sammeln. Fortan ermöglichen dir deine innigsten Wünsche, Sehnsüchte und Gedanken, die Lebensumstände zu erfahren, die deine geistige Entwicklung und Erfahrung fördern und unterstützen. Immer wieder spürst du, wie im Hintergrund eine unsichtbare Macht die Fäden spinnt, indem sie dir fortwährend Gelegenheiten präsentiert, dich in solche Situationen zu bringen, auf die du am meisten Wert legst.

»Niemals«, magst du nun vielleicht entrüstet denken, doch sei ehrlich: Du erfährst in der Regel solche Zustände, an die du am meisten denkst. Das heißt nicht, dass die Person, die sie dir liefert, wirklich so ist, wie du sie erlebst. In der Regel ist sie so, wie du sie dir vorstellst. So kann dein Traumpartner vor dir stehen, doch du wirst ihn nicht erkennen, weil du in diese Person Eigenschaften projizierst, die du sehen willst, aber nicht diejenigen, die sie wirklich zeigt.

Jeder Moment in dieser Welt ist ein Abbild deiner Gedanken, die ständig in Bewegung sind und daher augenblicklich dein Schicksal wenden können, wenn du es möchtest. Große Denker der Menschheit wie Goethe, Hesse, Buddha oder Platon erlebten genau dasselbe wie du. Sie kamen alle zu dem Schluss, dass der Geist den Körper baut, jedem Anfang ein Zauber innewohnt, dass jedes Ziel dir entgegenkommt, an welches du ständig denkst, und dass Gedanken die Welt regieren.

Denke selbst, hinterfrage alles und glaube nur das, was sich für dich gut anfühlt, wenn du es nicht nachprüfen kannst. So sind deine Gedanken am seltensten manipulierbar, du kannst frei denken und dein Schicksal am besten und erfolgreichsten gestalten. Bleib Herr deiner Gedanken, vertraue nicht Experten, und schließe dich keinen Gedanken an, nur weil die Mehrheit sie vertritt. Du hast von der Natur eine innere Stimme mitbekommen, die dich immer leitet. Das Gefühl in der Magengrube meldet dir immer sofort, wenn etwas nicht stimmt. So bist und bleibst du immer dein bester Experte.

Hinterfrage alles, was du aus den Medien erfährst. Frag auch immer, wessen Interessen es dient. Bewahre stets deinen kritischen Verstand und schalte den Apparat gegebenenfalls auch einfach mal aus. So bleibst du frei im Denken und Meister deines Schicksals. Ich besitze seit über zwanzig Jahren keinen Fernseher, habe aufgehört, regelmäßig irgendwelche gängigen Zeitungen zu lesen, und mich selbst auf Erkundung der Welt begeben. Ferne Länder bereist und entdeckt, dass alles ganz anders ist, als man es mir glauben machen wollte. Reise viel, denke viel nach, triff dich mit Menschen unterschiedlicher Kulturen, tauche in ihre Gedankenwelt ein, hinterfrage diese, lass dich von neuen Inspirationen beflügeln und dein Leben wird dich mit Abenteuern voller Zauber und Magie belohnen.

Die Erfahrung der Alten – kostbarer Schatz der Weisheit

Wohlstand, Glück, Selbstentfaltung, Tugenden, Freiheit und Zukunft hängen nicht nur von innovativen Erfindungen, technologischen Höchstleistungen, weltweiter Mobilität und scheinbar grenzenlosem und leistungsbesessenem Karrieredenken ab, sondern werden ebenso getragen von den Stützpfeilern der Weisheit und Erfahrung der Alten. Ihre Kompetenzen, Erinnerungen und Kenntnisse haben sie im Idealfall zu Hütern kostbarer Spielregeln des Lebens werden lassen, die ein friedvolles Miteinander garantieren. Ebenso sollten sie die trügerischen Fallen des Schicksals kennen, in die fast jeder junge, unerfahrene Mensch hineintappt, weil er die abgrundtiefen, arglistigen Hinterhalte, die allenthalben lauern können, weder kennt noch sich vorstellen kann, wenn er sie noch nicht erlebt hat.

In früheren Zeiten lernte jeder relativ früh, dass es wilde Tiere gibt, denen man zum Fraß dienen könnte, dass man von einem Baum im Wald erschlagen werden kann, auch wenn er ganz leise oder gar lautlos zu Boden fällt, unter der Last des tonnenschweren Schnees im Winter oder nach einem ohrenbetäubenden, tobenden Sturm in der dunklen Nacht. Heute brauchen wir uns vor solchen Naturgewalten in aller Regel nicht mehr zu fürchten. Die wilden Tiere sind in unseren Breitengraden längst ausgestorben, und gegen die umkippenden Bäume schützen uns Förster, die für deren rechtzeitige Fällung sorgen.

Ist die Welt nun sicherer geworden, können wir bedenkenlos durchs Leben tanzen, ohne dass wir mit Gefahren rechnen müssen? Wohl kaum, heute sind die Fallstricke lediglich anderer Natur und nicht immer so offensichtlich. Der ungezügelte Konsumrausch, ein allgemeiner Werteverlust oder das grenzenlose Streben nach beruflicher Karriere können Unglück, Depressionen und Stress bis zum Burn-out über die Menschen bringen und münden schlimmstenfalls sogar im Suizid. Die mahnenden Stimmen der Alten werden nicht mehr gehört, zu groß sind die Verlockungen der modernen Zeit.

Im Idealfall ist es so, dass die Alten die Wurzeln deines Lebens kultivieren, die Sehnsucht deiner Seele, das vielleicht wichtigste Gut in deiner irdischen Anwesenheit. Sie trösten dich durch die Pflege langfristiger, bis zum Tod dauernder familiärer Bindungen, auf ihren Trost kannst du dich immer verlassen, ihr Zuhause ist dein Obdach in schwierigen Zeiten, ihr Verbleib an ihrem angestammten Ort bedeutet eine offene Tür in jedem Augenblick, und ihre dadurch bedingte, stets gegenwärtige, zuverlässige Hilfsbereitschaft garantiert dir Orientierung durch das Meer der schnelllebigen, oft gefühls- und rücksichtslosen, auf Leistung basierenden Lebensstationen sowohl in geschäftlichen als auch privaten Beziehungen.

Ihre Lebenserfahrung hat sie in aller Regel gelehrt, mit Bescheidenheit, Sparsamkeit, Disziplin, Verantwortung und Geduld Krisen zu meistern und mit einer gesunden Skepsis gegenüber dem Neuen und Fremdem das bewährte Alte nicht aufzugeben.

In ihrem Leben haben sie erfahren, dass der Mensch nicht aufgeben darf, auch wenn das Schicksal noch so schwer scheint. Sie können Geschichten erzählen, wie sie all ihren Mut zusammengenommen haben. Die ganz Alten noch vom Krieg, als die Bomben fielen, oder vom Aufbau ihres Lebens in der Nachkriegszeit, als Waisenkind, weil die Eltern in den Kriegswirren ums Leben gekommen waren. Sie erzählen von der fast übersinnlich scheinenden Fähigkeit, in einer gefährlichen, riskanten Situation seine Angst zu überwinden und in bedrohlichen Situationen seine eigene Furchtlosigkeit kennenzulernen.

Seit es Menschen gibt, halten die überlebenden Alten den Stamm und die Familien zusammen. Sie sind Vorbilder, Hüter der Tradition, Helfer in der Not, Lehrer der Lebensführung, Geschichtenerzähler. Sie kennen wie gesagt Zusammenhänge und Gefahren, die den Jungen noch fremd sind. So können sie diese vor den Fallen des Lebens schützen und sie vor großen Unglücken bewahren. Kinder lauschen gern den Erfahrungsberichten der Großeltern. Sie lernen daraus fürs Leben, und zwar auf eine tiefere Weise als bei dem, was sie in der Schule lernen, nicht nur mit dem Verstand, sondern auch mit dem Herzen.

Erfahre möglichst viel von den Erlebnissen und Erfahrungen der Alten, solange sie noch leben. Es wäre schade, wenn du dich erst danach sehnst, nachdem sie schon verstorben sind und ihre Schätze der Weisheit mit auf die Reise in die nächste Dimension genommen haben. Zehre von den Erfahrungen deiner Eltern, frag sie nach ihrem Leben, ihren Wünschen und Träumen, ihren schweren Lebenssituationen. Es gibt so viel zu erkunden. Schreibe alles auf und bewahre es als kostbarsten Schatz deiner geliebten Eltern. Es wird eine wesentliche Verbindung zu ihnen sein, wenn sie nicht mehr auf der Erde weilen, es wird das Edelste sein, was sie dir hinterlassen haben: ihre Erinnerungen und Erfahrungen. Hüte sie wie deinen Augapfel, und du baust dein Leben auf Felsen, nicht auf Sand. Das jahrmillionenalte, standhafte und bewährte Fundament (die Felsen) wird dich schützen in der Brandung des Lebens, während dem Sand die Festigkeit fehlt, unter deinem Lebensgebäude nachgeben und es zum Einsturz bringen würde.

Wildpflanzen – kosmische Informationen für den Körper

Bäume, Kräuter, Blumen und Pilze begleiten die Menschen durch ihr Leben. Sie sind ihnen Nahrung, Medizin, Ratgeber und Tröster in der größten Not. Wer ihnen zuzuhören vermag, der entdeckt ihren tieferen Sinn, der spürt ihre Seele, die ihnen innewohnt, und findet den Weg zu einer natürlichen Spiritualität.

Auf den Streifzügen durch Midgard, die Welt der Menschen, über blühende Wiesen, durch moosbedeckte Wälder und dunkle, lange Schluchten begegnen wir dem Gesang der Natur und den Tiefen des eigenen Wesens. Dieses nährt und stärkt sich aus den Urerinnerungen der gleichen Pflanzen, die schon unsere frühen Vorfahren kannten, als Nahrung zubereitet und zur Kräftigung ihres Körpers heranzogen. So gelangten sie zu einer erstaunlichen Immunität gegen Krankheiten und die oft kräftezehrenden Widrigkeiten des Lebens. Sie lebten in Gruppen nahezu autark, selbstständig, konnten weitestgehend ohne Fremdbestimmung in unserem Sinne für ihr Leben sorgen. Sie holten sich ihre Nahrung, ihre Medizin, ihre Baumaterialien – einfach alles, was sie zum Leben benötigten, aus der Natur. Dadurch entwickelten sie ein tiefes Gefühl des Dankes, der Achtung und des Wohlwollens allem gegenüber, was die Landschaft prägte.

Jene Gedanken unserer Ahnen tauchen wieder in uns auf, wenn wir dieselben Baumblätter, Früchte, Getreide, Kräuter und Blumen zu uns nehmen, sie zu täglichen Speisen verarbeiten und mit ihren heilenden Wirkstoffen unseren Körper pflegen.

Bedenke, dass jede Mahlzeit ein heiliges Mysterium und ein wirkungsvoller alchemistischer Vorgang ist. Daher spricht der Volksmund den essbaren und sättigenden Pflanzen aus der Region magische Naturkräfte zu, denn sie sind den Erzählungen nach vom Geist des Ortes durchdrungen.

Der Lebensphilosophie des Paracelsus nach sollen wir uns von jenen Pflanzen ernähren, die in unserer Heimat am besten gedeihen. Dies kann sogar von Jahr zu Jahr recht unterschiedlich ausfallen, da immer jene Pflanze besonders häufig wächst, die unser Körper gerade braucht, um höchste Immunität zu erreichen. Einmal können Brennnesseln die ganze Umgebung dominieren, ein anderes Mal überwiegen

Giersch, Mädesüß oder Wiesenbärenklau in den saftigen bunten Wiesen und am Rande der geheimnisvollen Wälder.

Der würzige Geschmack der vorherrschenden Kräuter und die Gaumenfreuden des heimischen, süß schmeckenden Getreides ermöglichen eine optimale körperlich-geistige Entfaltung und tiefgreifende Stärkung des Immunsystems.

Das Grün der Bäume und Kräuter – kraftvollstes Lebenselixier von Mutter Natur –, kombiniert mit der kosmischen Strahlung aus den Weiten des Universums, entfacht eine Lebenskraft in jedem Menschen, die ihn mit dem Reichtum seiner unendlichen Möglichkeiten und seiner inneren Stimme verbinden.

Aus den alten Kräuterbüchern erfahren wir: Je mehr wir von den Pflanzen unserer Nahrung wissen, desto mehr schützen und heilen sie jede Zelle unseres Körpers. Daher lohnt sich die Anschaffung eines Kräuterbuchs, das nicht nur von Wirk- und Heilstoffen erzählt, sondern ebenso von den Sagen und Volksmärchen dieser Urgewächse. So erfahren wir von der Seele, die ihnen innewohnt, wir hören ihre Stimme, die uns magisches Wissen zuraunt. Denn so wie zwischen den Menschen untereinander, so existieren auch zwischen den Naturobjekten und den Menschen Schwingungen der Sympathie, der gegenseitigen Zuneigung.

Je mehr Liebe und Sehnsucht der Mensch einer Pflanze entgegenbringt, desto mehr zeigt sie ihm ihre unbewusste Aufmerksamkeit, Verbundenheit und Liebe. Jedes der Kräuter wird von seinen Tugenden berichten, wenn wir Menschen sie offen willkommen heißen, mit ihnen reden und bei ihrem Anblick an die Legenden denken, die sich um sie ranken. Es ist nicht das rationale Wissen aus dem Biologieunterricht in den Schulen, es ist das mystische Wissen des Volksmundes, das uns mit der Pflanze verbindet, sie mit all unseren Sinnen begreifen und ihre Seele mit unserer verschmelzen lässt.

Erfahren wir die Pflanzen wieder so, wie sie von alters her sind: Weisheitslehrer, Seelentröster, Medizin und tägliche Nahrung. So öffnen die Pflanzen den Pfad zur mystischen Welterfahrung, zur Wahrnehmung von Wundern im irdischen Leben, zu den geistigen Dimensionen der Wirklichkeit. Sie erweitern das menschliche Bewusstsein, dienen als Schlüssel und Tore zur geistigen Welt, wenn wir sie mit unseren fünf Sinnen – Riechen, Schmecken, Fühlen, Hören, Sehen – wahrnehmen, entdecken und erfahren.

Nachfolgend nenne ich dir nun einige Kräuter, die zwischen Haustür und Gartentor gedeihen und dich auf eine geheimnisvolle Entdeckungsreise in die Tiefen deines Seins mitnehmen können:

- **Brennnessel**: Seit der Steinzeit stehen Brennnesseln regelmäßig auf unserem Speiseplan, um uns insbesondere bei Rheuma und Beschwerden der Harnwege zu helfen. Ihr Füllhorn von grünem Pflanzensaft, dem Chlorophyll, transportiert die immunstärkende Energie der Sonne in unseren Körper, stärkt das Selbstwertgefühl, verleiht Mut und Entschlossenheit. Sie ist das Kraut des Hier und Jetzt, was wir in der Regel schon in der Kindheit erfahren durften, wenn wir gestolpert sind und kopfüber in einem Brennnesselteppich gelandet sind. Sofort waren wir aus unseren Träumereien entrissen, hellwach und mit einem Juckreiz übersät, der uns Achtsamkeit und Vorsicht lehrte, um einer Wiederholung dieser Lehrstunde zu entgehen.

Roh verzehrt, reinigt die Brennnessel jede Zelle unserer Organe. Nimm 1 Banane, etwas Wasser, 1 Handvoll junger Brennnesselblätter, 1 Apfel und einige Scheiben einer frischen Gurke. Zusammen mit Wasser püriert, erhältst du ein kräftiges Lebenselixier.

Brombeere: Diese Kraftbeere für Augen, Knochen und Nerven gilt als vitaminreiche, kulinarische Delikatesse der Antike. Legenden über das Goldene Zeitalter schwärmen von dieser erlesenen Urfrucht, die ohne Samen und ohne Zutun eines Wesens vom fruchtbaren Erdboden hervorgebracht worden sein soll. Mit ihrem Genuss durchschreiten wir ein Tor zu unserem inneren Wesenskern und wagen, die Erfüllung unseres Herzenswunsches zu träumen.

1 Handvoll Beeren mit Mandelmilch püriert und etwas Ahornsirup ergibt ein fruchtiges, schmackhaftes Mixgetränk göttlicher Energie.

Distel: Das Dornengewächs, das in der Antike bei keinem Festmahl fehlte, hielt schon immer Magen und Leber gesund.

Entfernt man mit der Schere die Dornen am Blattrand, erhält man mit 1 kleinen Frühlingszwiebel, etwas Salz, Olivenöl und Zitronensaft einen immunstärkenden Salat. Wenige Minuten in Öl oder Butterschmalz gebraten und danach mit etwas Salz bestreut, ersetzen Disteln Kartoffelchips aus dem Supermarkt. Im Mixer püriert mit Banane, Himbeeren, etwas Honig, Wasser oder Milch, ergeben alle Bestandteile der Pflanze inklusive der Dornen einen vitalisierenden Kräuter-Frucht-Shake mit einer betont magischen Note.

Fichte: Die frühen Waldvölker nutzten junge Triebspitzen, Blütenknospen, Samen, Nadeln und das Harz des magischen Baums, um ihre Speisen mit diesem kulinarischen Zauber zu verfeinern. Der Wohlgeruch und der würzige Geschmack der Fichte stimulieren die Psyche und sorgen für ein harmonisches Lebensgefühl. Als Symbol des wiederkehrenden Lebens schmückt sie bis heute in der Zeit der Wintersonnenwende die Stube, wo das Harz der Zweige seinen göttlichen Duft verströmen kann.

Ein paar kleine, zarte Astteile voller grüner Nadeln, mit kochend heißem Wasser übergossen, ergeben zu jeder Jahreszeit einen schmackhaften Tee, und die jungen, salatweichen Maitriebe auf einem Honigbrot sorgen für einen unverwechselbaren, aromatischen Genuss.

Gänseblümchen: Nach nordischem Volksglauben gilt jedes Gänseblümchen als ungeborene Kinderseele, die auf ihre Wiedergeburt wartet. Sobald es gepflückt wird, beginnt sie ihr neues Leben auf dieser Welt. Es verleiht ein sonniges Gemüt, erfüllt den Geist mit Lebensfreude und sorgt für den magischen Zauber in vielen Augenblicken im Leben. Verschlossene Seelen berührt es mit seiner Zartheit und Schönheit.

Als Beigabe zu bunten Salaten erfüllt das Gänseblümchen seinen irdischen Auftrag, das Glück zu den Menschen zu bringen.

Hirse: Dieses Getreide mit den meisten Mineralstoffen zählt zu den ältesten Kulturpflanzen der Welt. Es wurde bereits vor 8000 Jahren in unseren Regionen angebaut und als Hauptnahrungsmittel genutzt. Nach heidnischem Brauch war es in vielen Gegenden üblich, die Braut mit Hirsekörnern zu überschütten, damit die Götter sie mit Fleiß und Fruchtbarkeit segnen mochten, zwei Eigenschaften, die das Überleben der Familie und des Stammes sicherten.

Hirse wird wie Reis zubereitet und kann zu vielen Gerichten als Beilage gereicht werden. Ohne Salz gekocht und mit Trauben und anderen frischen Früchten und Nüssen vermengt, ist sie Grundlage für ein stimmungsaufhellendes, magisch anmutendes Frühstück – besser kann man den Tag kaum einläuten.

Holunder: Die blauschwarzen Beeren mit ihren frischen Lebenskräften aus kosmischen Sphären dienten jahrhundertelang als Apotheke der Landbevölkerung. Der Strauch steht bis heute auf jedem Bauernhof und dient als Symbol der Göttin Holle, der Herrscherin des Diesseits und Jenseits, die tugendhafte Menschen mit einem erfüllten irdischen Dasein segnet.

Wer die reich mit Beeren bestückten Dolden im August erntet, einen Topf damit zur Hälfte füllt, anschließend Wasser bis 1 Zentimeter unter den Rand auffüllt, 20 Minuten kocht, den frischen, blauschwarzen Saft durch ein Sieb gießt, zuckert und noch einmal 5 Minuten aufkocht, erhält einen unvergesslich geschmackvollen Zaubertrunk, der dem Leben neue Einsichten entlockt.

Klee: Das Zauberkraut der Gallier und Glückssymbol der Kelten gilt als Multitalent bei der Gesunderhaltung des Körpers. Nach alten Sagen und Legenden holen sich die

Elfen und Feen in der Nacht zum Ersten Mai die Kleesamen als Festtagsschmaus. Unerwartet und ungesucht entdeckt, bringt ein vierblättriges Kleeblatt dem Finder Wohlstand und Lebensglück. Als kosmisches Zeichen empfiehlt es dem Glückspilz, den eingeschlagenen Lebensweg weiterzuverfolgen.

Backe ein Brot aus 2 Handvoll rosa Kleeblüten, 1 Prise Salz, etwas Mehl zum Bestäuben und nur so viel Wasser, dass ein fest klebendes Gemisch entsteht. Breite das ganze 1 Zentimeter dick auf Backpapier aus und gib die Masse in den Ofen. Nach einer Stunde bei 100 Grad getrocknet, kannst du in ein schmackhaftes Knäckebrot beißen.

- **Löwenzahn:** Dieses leicht bittere Kraut mit seiner überbordenden Vitalität schenkt uns bis ins hohe Alter einen jungen und elastischen Körper. Es schärft die Sehkraft und enthält neunmal so viel Vitamin C wie Kopfsalat. Löwenzahn gilt als eine der stärksten Kraftpflanzen des westlichen Menschen, er optimiert die feinstofflichen Lebensströme in unserem Körper, lässt alle unsere Möglichkeiten und tiefen Wünsche vor unserem geistigen Auge erscheinen, sodass sich nun eine Welt um uns bildet, die uns völlig entspricht und mit dem Zauber des Lebens vereinigt. Mit 2 Handvoll frischer Löwenzahnblätter, 1 kleingeschnittenen Frühlingszwiebel, 1 gewürfelten Tomate, 1 gepressten Knoblauchzehe, Zitronensaft, Öl, Pfeffer und Salz bereitest du dir einen kraftvollen, kulinarischen Schmaus zu, der dich mit kosmischer Magie vereinigt.

- **Rossminze:** Ihr unbeschreiblich erfrischender Duft betörte schon die schöne Helena, die auf den grünen Hügeln Griechenlands durch die kosmischen Naturgärten wandelte. Die Fülle ihrer Lebenskraft erhält die Gesundheit und durchflutet den Körper mit der heilenden Energie der Sonne, die sich in den wohlriechenden, saftigen Blättern ausgedehnt hat.

In erfrischenden Getränken aus Quellwasser, Zitronenscheiben, einigen Brom- sowie Himbeeren und 1 Handvoll Minzblättern belebt sie den Geist und sondert eine feine, geheimnisvolle Strahlung ab. Um ihre heilenden Kräfte spüren zu können, musst du dich ihnen bewusst öffnen. Konzentriere deine Sinne auf den edlen Geschmack. So findest du in dir selbst den Weg, wahrhaftig frei und glücklich zu sein.

Wegerich: Das heilige Kraut der Kelten ist seit 2000 Jahren Bestandteil der kultischen Neunkräutersuppe im Frühling. Es weckt die Lebenssäfte nach einem sonnenarmen, eisigen Winter, bringt die Farbe zurück auf unsere Wangen und stärkt für ein neues Jahr voller Abenteuer. Persephone, die Tochter des griechischen Gottes Zeus, war so fasziniert von dem Samen tief in der Erde, dass sie im Winter ins Reich des Hades, des Gottes der Unterwelt, hinabstieg, weil sie auf deren kulinarischen Genuss nicht verzichten konnte.

Zur Neunkräutersuppe, auch »Gründonnerstagssuppe« genannt, wird das erste Grün verarbeitet, das sich in der Natur findet. Neben dem Wegerich kann man beispielsweise auch Brennnessel, Brunnenkresse, Gänseblümchen, Giersch, Gundelrebe, Löwenzahn, Taubnessel oder Vogelmiere verwenden. Zur Herstellung der Kräutersuppe einfach eine Zwiebel in Butterschmalz anbraten, anschließend 1 Liter Quellwasser, 2 in Scheiben geschnittene Kartoffeln, 4 Handvoll Wildkräuter, 1 Knoblauchzehe und 2 Brühwürfel hinzugeben und 5 Minuten köcheln lassen. Alles pürieren und mit Crème fraîche und Weißwein abschmecken.

Rituale sind ein wichtiger Bestandteil des menschlichen Lebens. Sie verbinden uns mit der Welt in unserem Umfeld, mit den allgegenwärtigen, göttlichen Kräften und mit uns selbst. Sie hatten schon immer eine wichtige Bedeutung bei allen besonderen Ereignissen im Leben, denn sie schaffen wohlwollende Energien, die dabei helfen, uns in dieser Welt geborgen und getragen zu fühlen und einen sicheren Halt im Hier und Jetzt zu spüren.

Nach ihrer Ausübung hinterlassen sie tiefe Eindrücke im Unterbewusstsein und verbinden uns in jedem Moment mit dem Göttlichen, das unser Bewusstsein in immer höhere Sphären lenkt. So wirken sie auf tiefer Ebene bereinigend sowie heilend, sorgen für einen freien Geist und drücken echte, gelebte Spiritualität aus. Sie sind Werkzeuge, mit deren Hilfe wir Bilder unseres Schicksals vor dem geistigen Auge anschauen können, die vielen Gestaltungsmöglichkeiten durchspielen lernen und so einen Blick in unsere Zukunft erhaschen können.

Im Folgenden werden einige Rituale vorgestellt, mit denen wir das Ungewöhnliche vollbringen und unser Leben im Jetzt und im Morgen verändern können. Mithilfe dieser Methoden tauchen wir in grenzüberschreitende Reiche ein und empfangen kraftvolle, magische Bewusstseins- und Energieströme, die unser Schicksal günstig beeinflussen.

Naturgänge – das Schicksal erspüren

Die Natur ist ein Quell der Kraft. In unserer von Hektik und Stress geprägten Zeit führt die Verbindung mit ihr zu innerer Ruhe, zu Ausgeglichenheit und persönlicher Freiheit. Sie knüpft keine Erwartungen an uns, deshalb fühlen wir uns darin so wohl. Hier verschwinden Sorgen und Probleme. Selbstvertrauen baut sich auf, und die Seele fühlt sich stark. Die Chancen stehen gut, dass schon nach wenigen Schritten in der Abgeschiedenheit vom Alltag die Ängste von uns weichen und unsere Niedergeschlagenheit allmählich einem Wohlgefühl inmitten der Natur Platz macht. Wenn wir in der Stille den Atem der Bäume erspüren und das Grün der Pflanzen unseren Herzschlag beruhigt, dann fühlen wir oftmals die Sehnsucht nach unseren Wurzeln und dem We-

sentlichen unseres Lebens. Wir denken über unser Schicksal nach, stellen Fragen und erhalten Antworten. Es sind Botschaften der beseelten Bäume, lauschenden Kräuter und lebenden Steine, die uns Impulse schicken, welche sich in Ideen für eine zuversichtliche Gestaltung unseres Lebenswegs manifestieren.

Mit etwas Glück sehen wir sogar einen Hasen Haken schlagen oder einen Fuchs im Unterholz verschwinden. Beide hinterlassen eine mystische Stimmung, welche die Reise in die Tiefen unserer verborgenen Seelenlandschaft erleichtern. Wir erkennen, dass die besten Gedanken beim Wandern erscheinen und dass wir jeden Kummer »weggehen« können. Während des Durchschreitens wilder Pfade kommen viele allmählich zur Erkenntnis, dass sie ein Leben führen, welches sie in ihrer Kindheit nie in Erwägung gezogen hätten, als sie andere Wünsche hegten und noch voller Träume waren. Viele Jahre später reift bei ihren Streifzügen die Einsicht, dass sie ihre so nahen Lebensziele von einst nicht mehr weiterverfolgten. Oft dauert es viele Jahre, bis man sich selbst gegenüber zugibt, dass man irgendwann den Weg des Herzens verlassen hat, sich an die Erwartungen der Eltern, Freunde und der Gesellschaft angepasst hat. Erschüttert stellen die Betroffenen dann fest, wie fremdbestimmt und leer ihr Alltag geworden ist. Die Träume von einst sind geplatzt, und ein Leben, das sie so niemals gewollt hatten, hat sich fast unmerklich eingeschlichen. Das Gefühl, vieles im Leben verpasst und seine Möglichkeiten nicht genutzt zu haben, macht sich breit.

Hat man sich wirklich um so viele Gelegenheiten gebracht? Hat man wirklich die vielen Möglichkeiten nicht genutzt? Hat man so oft falsch gehandelt?

Die Antwort lautet: »Nein!« Alles war richtig! Diese Umwege, diese Erfahrungen waren notwendig, und es war der Plan, bevor man geboren wurde. Ohne diese Erlebnisse hätte man sich um die innere Reife gebracht, um die geistige Entwicklung, welche die Absicht unserer Existenz hier auf Erden zu sein scheint. All diese Ereignisse verbinden uns mit der Blume des Lebens, gleichbedeutend mit der Urquelle der Schöpfung und der geistigen Vollkommenheit. Naturgänge öffnen die Türen für solche Erkenntnisse, sie führen uns behutsam in eine neue Welt des Denkens ein und aktivieren unseren spirituellen Reifeprozess.

Sammle bei deinen Naturgängen Pflanzenteile, die dir besonders gut gefallen: Äste von Sträuchern mit Blüten oder Beeren, Zweige von Nadelbäumen, blühende Kräuter. Binde sie zu einem Strauß zusammen und stell sie zu Hause in eine Vase an einen Ort, den du immer im Blickfeld hast. So kannst du viele Augenblicke am Tag ihre kraftvolle, inspirierende Energie auf deinen Geist spüren. Sie erfreuen jede Zelle deines Körpers und steigern durch diese gute Gemütsverfassung deine Vitalität, deine Entschlossenheit und deinen Tatendrang für die weitere Gestaltung deines Schicksals.

Dein Drittes Auge – Hellsehen, Hellfühlen, Hellhören

Sehen scheint viel mehr zu sein, als mit unseren beiden Augen optische Eindrücke wahrzunehmen. Schon seit mehreren Tausend Jahren sprechen viele Kulturen, Geheimlehren und Mysterienschulen von einem weiteren Auge, dem Dritten Auge, als innerkörperlichem Organ und Quelle von Weisheit, Klarheit und Erkenntnis. Es wird im Zentrum des Gehirns in der Zirbeldrüse verortet und gilt als Zugang für körperliche, geistige und spirituelle Gesundheit.

Du hast schon oft Gebrauch davon gemacht, ohne zu wissen, dass du Kontakt mit diesem Wunder der Schöpfung aufgenommen hast. Es funktioniert ganz einfach. Zum Beispiel überlegst du dir vorm Schlafengehen eine Uhrzeit, zu der du aufwachen möchtest, und siehe da: Es funktioniert tatsächlich. Manche Menschen praktizieren diese Übung sehr häufig und amüsieren sich über diese innere Uhr, die oft auf die Minute genau funktioniert. Es handelt sich hierbei um eine Form des Hellfühlens, der Fähigkeit, Dinge wahrzunehmen und zu spüren, die auf unbewussten Ebenen geschehen. Es gelingt sogar im Schlaf, denn das Dritte Auge wacht immer über uns, unabhängig von unserem Bewusstseinszustand.

Wenn wir mit unserem inneren Auge in die Welt des nicht Sichtbaren tauchen, dann durchströmen wir den Zugang zur tieferen Wahrnehmung. Die Öffnung des Dritten Auges gelingt wie gesagt sehr gut am Abend vor dem Einschlafen. Man liegt entspannt und geborgen unter der wärmenden Bettdecke und denkt über Fragen nach, auf die man gern Antworten hätte. Plötzlich erscheint wie aus dem Nichts ein Impuls, der sich zu einer Idee formiert. Es treten immer mehr Ideen zutage, und bei der Abwägung, welche wohl die richtigen Antworten auf die Frage sein könnten, spürt man, welche der Gedanken sich gut anfühlen und welche eher Unbehagen auslösen. Von Letzteren verabschiedet man sich am besten gleich wieder, denn es mangelt ihnen an Harmonie, sie fühlen sich einfach nicht stimmig an.

Vor dem Einschlafen befinden wir uns oft in einer Art Trancezustand, der den Zugriff auf unser Unterbewusstsein begünstigt. So gelangen wir an verborgenes Wissen, das wir zur Lösung aktueller Probleme und für die Gestaltung einer besseren Zukunft einsetzen können. In solchen Trancephasen gelingt der Kontakt zum Universum des Ursprünglichen, zum Wissen der gesamten Menschheit und ganz besonders zum Urwissen unseres eigenen Schicksals. Das Dritte Auge sieht auf unser gesamtes Dasein, auf all unsere Leben im Diesseits wie im Jenseits, es weiß alles über uns und antwortet auf alle Fragen. Es funktioniert umso besser, je leichter du dich fühlst. Iss möglichst leichte Kost, je weniger dein Körper mit der Verdauung von Nahrung beschäftigt ist, desto tiefer können deine Sinne in die geistige Welt eintauchen, mit ihr kommunizieren und Antworten empfangen.

Das Dritte Auge steht in den alten philosophischen Schriften der Griechen für Allwissenheit, Erleuchtung und Weisheit und gilt als Organ des Lichts und der Bewusstheit. Mit seiner Öffnung gelingt dir die Reise ins Ich, dein wahres Selbst und deinen Lebenssinn. Du erkennst immer besser dein Schicksal, lernst deine Unangepasstheit gegen jede Art von Spott zu akzeptieren. Wie du weißt, verbindet dich Letztere nämlich mit deinem wahren Sein. Angepasstheit verhindert die Suche nach dem eigenen Selbst, der Erkenntnis, wer du wirklich bist, dem Lebensauftrag und der Harmonie der Seele. Sehnsucht, Geborgenheit und die dazu notwendige Freiheit, so zu sein, wie es deinem göttlichen Auftrag entspricht, das ist der Sinn deines Lebens. Das Dritte Auge hilft dir dabei, nutze es, verlange danach, und du wirst den Zauber und die Magie deines Schicksals entdecken.

Die Bestätigung der geistigen Welt dafür, dass du auf dem richtigen Weg bist, erhältst du durch Formen des Hellhörens, der feinstofflichen Wahrnehmung außersinnlicher Laute. Häufig vernimmt man den hellen Klang eines zarten Glöckchens, einfach so, an einem ansonsten ruhigen, einsamen Ort, ganz plötzlich und unerwartet. Dann weißt du, dass du nicht allein bist, dass sich eine geistige Wesenheit direkt bei dir befindet und Kontakt mit dir aufnimmt, dir ein Zeichen gibt, dass sich alles fügt.

Mit deinen beiden Augen siehst du die Alltagswirklichkeit. Mit dem Dritten Auge siehst du die Welt der Geister und unsichtbaren Kräfte – die Anderswelt, deren Zentrum symbolisch in der Mitte über deinen beiden Augen sitzt, als Spiegel deiner Seele. Über Meditationen kannst du zum Tor deiner tiefen Selbstwahrnehmung gelangen. Es verbindet dich mit der göttlichen Ordnung, der Schöpfung allen Seins.

Du visualisiert so lange einen Gegenstand in der Natur, an einem mystischen Ort (Kirche, Brunnen, Burg) in deiner Stadt oder an deinem Lieblingsplatz zu Hause, bis sich irgendwann dein Drittes Auge öffnet und der Weg zur göttlichen Energie geebnet ist. Die Kraft des kosmischen Auges heilt deine Seele, indem es Wege sichtbar werden lässt, die dich zu deinem wahren Lebensglück führen, und Harmonie auf deinen neuen Pfaden verströmt. Visualisierung führt dich in den Zustand der Trance und veränderter Bewusstseinszustände, der Keim für mystische Erfahrungen und Erkenntnis.

Die Öffnung des unsichtbaren Auges gelingt besser unter Zuhilfenahme natürlich gewachsener Urpflanzen. Geh hinaus in die freie Natur und suche Baumflechten jeglicher Art. Sie liegen unter Nadelbäumen und Laubbäumen. Sammle so viele, dass du damit dein Kopfkissen komplett füllen kannst. Ihr magischer Duft lässt dich schnell in eine Trance eintauchen.

Diese heilige Pflanze unserer Urväter genießt bis heute eine hohe Bedeutung unter den Heilkräutern. Sie wirkt stärkend, klärend, belebend und reinigend und begleitet uns auf dem Nachtlager in heilende Wachträume. Klare Gedanken erscheinen aus dem Verborgenen und entschlüsseln das Unerklärliche in deinem Leben.

Am nächsten Morgen werden dir nach dem Aufwachen alle Gedanken wieder einfallen. Notiere sie und lies sie jeden Tag durch. Du wirst dich an diese neuen inspirierenden Ideen gewöhnen und schon bald solch eine starke Sehnsucht danach entwickeln, dass du diese Ziele anpacken und erreichen wirst.

Traditionen und Brauchtum – Nahrung für die Seele

Sich jährlich wiederholende Feste, Märkte unter freiem Himmel, Winter- und Sommersonnenwende, Fastnacht, Ostern, Halloween, Freinacht, Geburts- und Namenstag – sie alle haben ihren festen Platz im Jahresrhythmus, prägen unser Leben und verleihen ihm Sinn. Jedes Brauchtum kann man sehen, hören, schmecken, riechen, anfassen. Alle derartigen gesellschaftlichen Zusammenkünfte riechen anders, schmecken anders, sehen anders aus. Sie helfen uns, die Welt wahrzunehmen, zu ordnen und unseren Platz darin zu finden. Sie prägten unsere Vergangenheit und führen uns sicher in die Zukunft.

Dieser sich stets wiederholende Festkreis stabilisiert unsere Persönlichkeit, denn traditionelle Bilder, Symbole, Geschichten und Handlungen vergegenwärtigen uns unbewusst Sicherheit, Vertrautheit, Verlässlichkeit und Geborgenheit. Daher ist es von größter Bedeutung, den Sinn hinter allem Brauchtum zu bewahren, sonst verlieren wir unsere Wurzeln, schneiden uns ab von dem essenziellen Lebenssaft aus den Quellen unserer Vergangenheit. So sind traditionelle Bräuche eine wichtige Nahrung unserer Seele, die nach Schutz und Ordnung strebt, nach Heilung und Geborgenheit.

Schon in dem Märchen *Der Kleine Prinz* von Antoine de Saint-Exupéry erklärt der Fuchs, dass es feste Bräuche geben müsse, damit nicht jeder Tag gleich sei, sich das Herz auf den anstehenden Termin freuen und Glücksgefühle spüren könne.

Immer mehr Menschen stoßen auf der Suche nach ihrer Geschichte auf die alten Lebensformen und fragen nach: Warum feiert man Fastnacht? Was ist der Sinn der Sonnenwendfeste? Weshalb ziehen die Jugendlichen als Geister verkleidet an Halloween durch die Straßen? Weshalb gibt es den Weihnachtsmarkt? Warum nennt man die Nacht zum Ersten Mai auch »Walpurgisnacht« oder »Freinacht«? Die wenigsten wissen, dass es sich dabei um Fruchtbarkeitsfeste oder Huldigungen des Sonnengottes handelt, damit er die Menschen vor Hungersnöten verschone. Halloween gedenkt der Toten, unserer Ahnen, denen man in alten Zeiten Speisen und Getränke in die gute Stube legte, um ihnen an diesem Tag zu danken, sie zu ehren. Denn ihr Leben hat etwas mit unserem Dasein zu tun, ohne sie gäbe es uns nicht. Wie sie sind wir Teil einer Reihe von Generationen, die schon gestorben sind und noch nicht geboren wurden. Ebenso wird damit der unsichtbare Geist angesprochen, der seit der Schöpfung den Kosmos durchdringt, den jeder spüren kann, wenn er seine innere Stimme wahrnimmt.

Traditionen und Bräuche überleben seit vielen Jahrhunderten und Jahrtausenden, sie überwinden den sich stetig wandelnden Zeitgeist. Sie haben zahlreiche Entwicklungsepochen der Menschheit überstanden und tragen ihre Werte immer weiter durch Phasen der Armut und des Reichtums, durch solche der Not, der Zweifel und des Glücks. Sie ebnen die Wege in die Zukunft, sind die Stützen unserer Gesellschaft, bewahren Erkenntnisse und Grundhaltungen. Vom Binden des Palmbuschens über den Almabtrieb bis hin zum Martini- und Weihnachtsmarkt – Bräuche bringen Ordnung. Sie regeln Abläufe, gliedern Tag, Woche, Monat und Jahr und stärken das Zusammengehörigkeitsgefühl. Sie dienen als Treffpunkt der Gemeinschaft, von Familien, Nachbarn, Freunden und Fremden. Sie erleichtern wichtige Lebensübergänge – Hochzeit, Elternschaft, Tod – und zeigen sich als stabiler Anker während politischer Umwälzungen oder gesundheitlicher Krisen.

Wer keine Tradition kennt, hat es schwerer, sicher und auf stabilem Grund in die Zukunft zu schreiten. Wer nicht weiß, woher er kommt, wird möglicherweise nicht wissen, wohin er gehen soll. Er irrt ziellos umher und fragt das Schicksal nach dem Sinn seines trostlosen Lebens. Er begibt sich vielleicht in die Hände von Heilsversprechern, lässt sich verführen, täuschen und seiner Lebensfreude berauben. Bräuche zeigen den Zauber des Lebens, die Fülle des Daseins und die unendlichen Schätze des Glücks. Sie machen uns zu den Menschen, die wir sind, sie prägen uns unverwechselbar und lebenslang, sie bestimmen wesentlich unser Schicksal mit.

Informationen über unser Brauchtum und entsprechende Veranstaltungen geben dir lokale Zeitungen, Monatszeitschriften, Bücher und Brauchtumskalender. Ebenso findest du auf der Internetplattform www.brauchwiki.de deutsche und internationale Bräuche, in die du dich vertiefen und aus denen du ursprüngliche Kraft schöpfen kannst.

Die Kraft des Segnens - schicksalhafte Worte

Einer der kostbarsten Schlüssel zum Gelingen deines Lebens ist die Kunst des Segnens. Wohlwollende Gedanken und Worte erfüllen den Raum mit einer magischen kosmischen Energie, verleihen Sicherheit, Schutz, Heilung und Kraft.

Beginne jeden Tag mit einem Segen und du spürst, wie sich vieles zum Guten ändert. Wenn du dich schlafen legst, segne auch die Nacht. Ein geheimnisvoller Zauber wird sich sodann über deinen Schlaf und deine Träume legen. Segne alle Menschen und Dinge, die in deinem Leben eine Rolle spielen, alle Handlungen und Ereignisse, die dir wichtig erscheinen, einfach alles, was dich umgibt – jeden Körperteil, deine Arbeit, dein Essen, deine Familie: »Ich segne dieses kostbare Brot, das uns nährt.«

Allein die Ehrlichkeit deines Herzens zählt bei dem Wunder des Segnens. Du bist ein Segen für alle Menschen. Segne sie mit guten Worten, damit lädst du das Gesagte mit kosmischen, göttlichen Kräften auf, der stärksten Energie des Universums. Dein Segen wirkt im gleichen Augenblick deiner wohlwollenden, heilenden Worte. Genieße das Leuchten in den Augen der Gesegneten und du überschreitest die Schwelle zum Paradies ewigen Glücks: »Ich vertraue dir und segne dich auf deinem gewählten Lebensweg.«

Im Segnen liegen verborgene Energien, welche die Kräfte der geistigen Welt mit der Bitte um Unterstützung bei all unserem Tun anrufen. Das Sprechen segensreicher Worte kann jeder Einzelne von uns ausüben, dazu bedarf es nicht einer bestimmten Gruppe von Menschen oder Ausbildung. Sprich ruhig und achtsam, konzentriere dich vollständig auf den Gegenstand oder die Person, denen du mit deinem Segen beste Wünsche und gute Energie mit in den Tag, die Woche, das Jahr oder die gesamte Lebensreise geben möchtest. Lass deine Augen mit Herzenswärme sprechen, lass dein Gegenüber in deine Seele schauen, wenn er deine heilenden Worte empfängt, die ihn mit kraftvoller Lebensenergie speisen. Sie sind die Stützen in schwierigen Zeiten, der Strohhalm, den der Betreffende dann fassen kann, wenn Verzweiflung und Hoffnungslosigkeit ihn plagen.

Der Segen bringt die universelle Kraft in dein Leben, er ist eine Quelle der Schöpfung, der Urkraft unseres Daseins. Er ist der ständige geistige Begleiter in deinem Leben und beeinflusst die Geschehnisse deines Schicksal.

Segensreiche Worte sind eng mit dem menschlichen Streben nach Glück verbunden. Jeder Mensch strebt nach Glück, dem höchsten Ziel seines Lebens. Er findet es allerorten, in jedem Augenblick. Es bedeutet Liebe, innere Fülle, es ist der perfekte Moment. Der unendliche Reichtum des Segnens weckt in dir Impulse, um dir dieses Glücks bewusst zu werden.

Folgende Segnungen bereichern dein Leben mit kosmischer Energie und hinterlassen eine tiefe Spur in deinem Schicksal:

- Ich wünsche dir immer einen Menschen, der dir zuhört, dich versteht, an dich glaubt, für dich da ist und für den du der hellste Stern am Firmament bist.
- Die Kraft des Universums schützt dich vor allem Unheil, sie bewahrt dein Leben. Sie gibt auf dich acht, wenn du aus dem Haus gehst und wenn du wieder heimkehrst. Jetzt und für immer steht sie dir bei und schützt dich.
- Du bist ein Segen für deine Familie und deine Freunde!
- Möge dir jeder Tag glückliche Stunden bringen.
- Mögest du in glücklichen wie in hoffnungslosen Stunden die Liebe deiner Eltern spüren.
- Mögest du in deinem neuen Zuhause glücklich sein.
- Möge dich in jedem Moment die unendliche Kraft des Universums begleiten.
- Mögen dich Erinnerungen an deine Mutter und deinen Vater in schweren Stunden trösten. Sie weisen dir den Weg zu den strahlenden und glücklichen Momenten deines Lebens, die schon auf dich warten.

Sehnst du dich nach einem Segen und bist du im Moment allein, dann geh hinaus in die Natur. Alles, was du dort siehst, segnet dich. Jede Pflanze, jeder Baum, jede Blume, jede Blüte, jedes Kraut und jeder Pilz – alle diese Geschöpfe des großen Geistes trösten und segnen dich, in jedem Augenblick, genau in diesem Moment. Nimm sie mit deinen Sinnen wahr: Rieche sie, ertaste sie, schau dir ihre zauberhafte Gestalt an, höre den Wind durch ihre Zellen wehen und du spürst den Segen, die unendliche Liebe der Schöpfung. Sie durchdringt dich in jedem Augenblick. Das Gefühl unendlichen Glücks durchfließt deinen Körper.

Kannst du das Haus gerade nicht verlassen, dann öffne das Fenster, such mit deinen Augen eine Pflanze, konzentrier deinen Blick auf sie – so nimmst du Kontakt mit ihr auf.

Ähnliches geschieht mit dir, wenn du Menschen auf der Straße siehst. Richte deinen Blick auf sie. Schau ihre Bewegungen an. Egal, ob sie lachen oder nur stumm vor sich hin schauen, sie alle strahlen eine göttliche Energie aus, nimm geistigen Kontakt mit dieser Energie auf, spüre sie, lass sie sich in jeder Zelle deines Körpers entfalten und du spürst Geborgenheit und Liebe, die unendliche, kosmische Kraft des Segens aus dem Universum.

Ebenso funktionieren der Blick auf die Sonne, den Mond, den Nebel oder Regen, Wolken, Sterne, Schneeflocken – einfach alles, was du siehst und was aus der Schöpfung des großen Geistes entstanden ist.

Räucherungen – Pforten zur geistigen Welt

Der Brauch des Räucherns reicht viele Jahrtausende zurück. Schon in der Steinzeit wurde beim allgemeinen Zusammenkommen am Lagerfeuer oder bei rituellen Festlichkeiten geräuchert.

Als Rauchfass dient dir ein altes Bügeleisen aus Eisen, eine Pfanne aus demselben feuerfesten Material oder ein feuerfestes Keramik- oder Metallgefäß. Fülle Sand hinein, leg Räucherkohle darauf, zünde sie an und warte kurze Zeit, bis sich weiße Glut ansetzt. Streu danach die Räucherstoffe darüber. Sofort entwickelt sich ein köstlich würziger Duft nach Wald und Wiese, und das Ausräuchern kann beginnen.

Mit den duftenden Schwaden aus Wald und Wiese gehst du von Raum zu Raum. In jedem Zimmer sprichst du segnende Worte, beispielsweise: »Glück ins Haus, Unglück hinaus.« Alle Worte, die dir spontan einfallen, sind »erlaubt«. Anfangs verwendet man Sätze, die in Büchern stehen oder von Bekannten empfohlen werden, doch schon bald gewinnt man Routine beim Ausräuchern und entwickelt eigene Formulierungen für dieses Ritual.

Ebenso kannst du Zitate aus Büchern vorlesen, die dich sehr berühren, Lieder singen, einfach alles, was dir in den Sinn kommt. Oder du bleibst ganz stumm und saugst den mystischen Rauch in die Tiefen deines Geistes ein.

Unter Beachtung der Brandschutzregeln vergräbst du anschließend die Glutreste im Garten oder in der Erde einer Topfpflanze in der Wohnung oder auf dem Balkon. In allen Räumen werden zusätzlich Räucherschalen aufgestellt, selbst draußen auf Fensterbänken, unter Bäumen im Garten, einfach überall, wo es dir beliebt.

Nach den *Deutschen Pflanzensagen* des Autors K. Ritter von Perger aus dem Jahr 1864 entsteht durch die folgenden Pflanzen ein magischer Räucherzauber, der Haus und Hof von den Spuren der Vergangenheit befreit und die wärmenden Lichtstrahlen des Neubeginns in die häusliche Atmosphäre begleitet:

- **Alant**: Er bringt die Kraft der Sonne ins Haus, schützt vor Niedergeschlagenheit und wirkt keimtötend.

- **Beifuß**: Sein Rauch führt zur kosmischen Tiefenreinigung der Räume, bereitet für einen Neubeginn vor und verbindet mit Sphären der Schöpfung.

- **Fichtenzweige**: Der Duft der Wälder bringt kosmischen Schutz, Geborgenheit und Wärme.

- **Lavendel**: Der blumige Duft des Lavendels sorgt für inneren Ausgleich, erholsamen Schlaf, beruhigt die Nerven, erfrischt den Geist, reinigt und desinfiziert die Luft.

- **Lorbeerblätter**: Die balsamisch-würzig duftenden Blätter förderten schon die spirituelle Hellsichtigkeit der Priesterin des Orakels zu Delphi, ihr kräftiges Aroma ließ sie in Trance fallen.

- **Mastix**: Das herb duftende Harz der griechischen Götter von der Insel Chios stärkt die Intuition und fördert die Fähigkeit des Hellfühlens.

- **Rainfarn**: Dieses gelb blühende Kraut stärkt die Nerven und zeigt eine starke Wirkung bei Hausräucherungen, nach denen sich hellsichtige Fähigkeiten zeigen.

- **Rosmarin**: Sein frischer und aufmunternder Duft schützt vor übelmeinenden Energien und klärt die Atmosphäre in Räumen.

- Salbei: Der mystische Rauch dieses Krauts löst negative Energiefelder auf, klärt den Geist und öffnet für zukunftsweisende Visionen.
- Tannenharz: Der Wohlgeruch dieses kostbaren Baumsafts erfüllt die Stube mit glückbringenden Gefühlen und hält einen Blick in die Zukunft bereit.
- Wacholderbeeren: Die würzigen Beeren und Nadeln töten Keime ab. Daher wurden im Mittelalter in den Straßen riesige Wacholderfeuer entzündet, welche die Menschen vor der Pest schützen sollten.
- Weihrauch: Dieser intensive, leicht süßliche Wohlgeruch wirkt beruhigend und heilend. Er verströmt eine tief reinigende Energie, öffnet das Dritte Auge und verbindet uns mit göttlichen Sphären.
- White Sage (Weißer Salbei): Seine Rauchschwaden schaffen Kontakt mit dem allumfassenden Erdengeist, der dich mit deinen wahren individuellen Lebenszielen verbindet.

Mit diesen Räucherungen erhältst du Zugang zu deiner Wahrheit, aus der das eigene Lebensgefühl, der Glaube und die jeweiligen Erfahrungen – unser Schicksal – entstehen.

Mantras – Zaubersprüche der modernen Zeit

Mantras sind kraftvolle Worte, geheimnisvolle Formeln oder heilige Silben, welche die feinfühlige Seele zum Schwingen bringen und uns jeden Tag Kraft, Zuversicht und neue Einsichten schenken. Ihr stetiges Wiederholen verbindet mit der göttlichen Kraft der Schöpfung, mit den kosmischen Energien, die uns unaufhörlich zur Seite stehen. Sie formen unsere Gedanken, lenken und verändern sie. Durch diese geistigen Einstellungen entscheiden wir ständig über unser Leben und den Weg unseres Schicksals, über das Gelingen unseres Daseins auf der Erde.

Der Gebrauch von Mantras ist reich an Geheimnissen und voller Mystik. Ihre wundervollen Worte berühren die Seele, verleihen ihr Schutz und Heilung. Sie wecken Ruhe, Gelassenheit, Freude und Liebe. Verblüffende Erfolge stellen sich nach einer regelmäßigen Anwendung ein. Sie unterstützen die Menschen bei der Heilung, fördern Wohlstand, Geborgenheit, Wohlbehagen, Gelassenheit, Entspannung, Unabhängigkeit, die Befreiung von Ängsten, und sie erfüllen unser Zuhause und unsere Umgebung mit positiver Energie. Kurzum: Sie dienen der Erschaffung unserer eigenen wohlgestalteten Welt.

Wer fortwährend Mantras singt oder spricht, ruft auf diese Weise kosmische Energien an. Du kannst deine Speisen und Getränke mit Mantras weihen, so erweckst du die verborgene Kraft dieser Nahrung und trittst mit ihrem Energiefluss geistig in Verbindung. Zudem verleihen mantrische Worte den Pflanzen und Getränken Heilkräfte. Man spürt die Anwesenheit einer anderen Realität und den Zugriff auf das verborgene Wissen unserer Ahnen, die noch fern jeder pharmazeutischen Versorgung auf die heilenden Kräfte der Natur zurückgriffen.

Neben mantrischen Worten, die dein eigenes Schicksal betreffen, kannst du auch solche chanten – also singen oder rhythmisch rufen –, die sich auf eine Gemeinschaft beziehen: dein Dorf, deine Stadt, deine Region, deine Nation oder auf die ganze Welt. Es gibt in jeder Zeit kollektive Wünsche, die sich viele Menschen herbeisehnen. Beispielsweise: Was wünschst du dir und allen Menschen in deiner Nation, auf deinem Kontinent oder auf der ganzen Welt? Welche Wünsche fallen dir ein bezüglich Natur, Nahrung, Arbeitsumwelt, Sicherheiten in deinem Kollektiv, deiner Gemeinschaft?

> Nutze die Energie von Mantras, und lass diese Wünsche Wirklichkeit werden. Dazu setzt du dich allein oder mit Freunden draußen im Wald unter einen Baum, an eine Wasserquelle oder auf eine bunt blühende Blumenwiese. Wiederholt diese Wünsche immer wieder in Form von einfachen Sätzen oder nur wenigen Worten, summt diese, singt sie und schreibt sie auf Stoff- oder Papierbänder. Hängt diese anschließend an einen Baum, räuchert – wenn es aus brandschutzrechtlichen Gründen nicht verboten ist – noch dessen Harz, Früchte, Blätter oder Zweige und wiederholt eure verfassten Anliegen.

Je mehr Menschen diese Sehnsüchte äußern und an den Himmel richten, desto mehr werden sie von den kosmischen Energien und Wellen gespeichert, die immerwährend auf die Erde strahlen. Irgendwann ist diese Kraft so groß, dass sie in Form von Schwingungen an den zu heilenden Ort gelangt und dass sich dort wie von unsichtbarer Hand geführt alles im Sinne der ausgesprochenen Wünsche verändert.

Ängste, Unsicherheiten und bedrohliche Gedanken schleichen sich immer wieder in unseren Alltag ein. In solchen Momenten spenden Mantras kostbaren Trost und Geborgenheit. Sie sind göttliche Geschenke, die uns einen Hauch der unendlichen Liebe des Universums spüren lassen. Mantras machen Mut, sich selbst und die Welt bewusst zu bejahen, vermitteln innere Stärke und Selbstachtung, bauen Vertrauen auf. Ihre regelmäßige Wiederholung bewirkt, dass diese Suggestionen besser ins Unterbewusstsein gelangen und dort ihre heilende Wirkung entfalten können.

Wer sich für gesungene Mantras interessiert, kann sich beispielsweise die Kreationen von Lex van Sameren anschauen und -hören. Er hat einen ganz eigenen Stil entwickelt, der den Zuhörer in Zauberwelten der Sinne verführen kann.

Mit folgenden Zaubersprüchen steigerst du die Fülle in deinem Leben. Du lernst, deine Selbstheilungskräfte zu aktivieren und dein Bewusstsein zu wecken für ein gelingendes Leben:

- Ich folge dem Gefühl der Freude.
- Die Entscheidungen in meinem Leben folgen dem Gefühl der Freude in mir.
- Meine Wünsche gehen mit Leichtigkeit in Erfüllung.

- Wenn ich meiner inneren Stimme folge, belohnt mich das Leben, und ich erhalte, was ich mir wünsche.
- Ich nehme die Fülle und den Überfluss voller Freude an.
- Ich bin ein strahlender Stern.
- Ich sende meinen Mitmenschen Gedanken der Liebe und der Fülle.
- Ich helfe meinen Mitmenschen in der Not durch gemeinsam verbrachte Stunden und Aktivitäten.
- Ich bin mir selbst gegenüber großzügig und nett.
- Meine Träume werden wahr.
- Das Universum schützt mich.
- Der Mond ist mein guter Freund.
- Ich lebe ewig.
- Der Baum ist mein starker Freund.
- Die Blumen hören mir zu.
- Die Vögel singen mir ein Lied.
- Die Vögel erfrischen meinen Geist.
- Ich bin ein Wunder.
- Ich spüre den Geist des Lebens.
- Durch Fehler kann ich nur wachsen.
- Ich lebe meine Herzenswünsche.
- Ich bin mein bester Freund.
- Ich lasse mich vom Leben reich beschenken.
- Ich öffne mich für die Fülle.
- Ich folge meiner Sehnsucht.
- Ich spüre die Verbindung zur Quelle der Fülle.

- Ich vertraue auf die Liebe des Universums.
- Ich schätze mich als Menschen.
- Ich lebe meine Sehnsucht.
- Ich bin stark.
- Mein Leben ist voller Freude.
- Ich bin einzigartig und wertvoll.
- Ich liebe mich.
- Ich respektiere mich.
- Ich bin, wie ich bin.

Körperdehnung –
das »Ich« spüren

Stretching fördert die Flexibilität der Muskeln, was Verletzungen verhindern und die sportliche Leistung steigern kann. Es formt dir einen geschmeidigen Körper und spielt eine zentrale Rolle bei der Bewegung durch den Alltag. Darüber hinaus hilft Dehnen dir auch, das körperliche Wohlbefinden zu steigern. Wenn du bis ins hohe Alter gesund und fit bleiben möchtest, solltest du regelmäßig ein Dehntraining absolvieren.

Dehnen hat seinen Ursprung in der Evolution des Lebens, als sich die Fähigkeit entwickelte, die eigene Bewegung willentlich zu steuern. Heute erfüllen Dehnübungen die folgenden Funktionen, die ihnen zugleich ihren Sinn geben: durch Bewegung die körperliche Fitness zu verbessern und Krankheiten vorzubeugen, Erfolgserlebnisse zu schaffen, die sich auch auf andere Bereiche motivierend auswirken können.

Dehnen bedeutet die faszinierende Wahrnehmung des eigenen Körpers. Wenn du Schritt für Schritt deine Muskeln dehnst, spürst du die Erweiterung deiner körperlichen Grenzen. Du lernst, Hindernisse zu überwinden, durchzuhalten, dich stetig weiterzuentwickeln. Übertragen auf andere Lebensbereiche bedeutet dies, dass du dich nicht auf eine scheinbar unüberwindbare Mauer von Hindernissen fixierst. Vielmehr lernst du die unerschöpflichen Kräfte deines Körpers kennen.

Sportliche Betätigung ist ein Signal dafür, dass du dein Leben selbst in die Hand nehmen und gestalten kannst, dass du dir Ziele setzt und die Disziplin entfaltest, diese zu erreichen. Ziele geben deinem Leben einen Sinn, du lernst die Vielfalt von Alternativen kennen, um deine Vorhaben zu realisieren. Du erkennst, dass es nicht nur einen Weg, sondern deren unendlich viele gibt – Möglichkeiten zuhauf, egal, was auch immer du anpackst. Wie du weißt, glauben an Alternativlosigkeit nur Menschen, die ihre wahre Bestimmung nicht kennen. Würden sie ihren Blickwinkel ändern und neue Wege einschlagen, dann entdeckten sie so viele Pfade, wie es Sandkörner in der Wüste gibt.

Du bist Herr über deinen Körper, du bestimmst über Aussehen, Gesundheit, Fitness. Du lernst dabei eigene Grenzen kennen und diese zu akzeptieren. Söhne dich mit ihnen aus, sie sind die wahren Lehrer in deinem Leben. Nur sie regen dich zur geistigen Entwicklung an. Wenn sich eine unüberwindbare Grenze, ein zu großes Ziel vor deinen Augen auftürmt, dann beschreite einen neuen Weg, es warten unendlich viele Routen auf dich, die neue, faszinierende Erlebnisse für dich bereithalten, um mit dir in die Unendlichkeit deiner Möglichkeiten einzutauchen.

Sportliche Wettkämpfe wurden in der Antike zu Ehren der Götter oder bei kultischen Veranstaltungen ausgetragen. Um jeden Muskel optimal dafür einzustimmen, waren Dehnübungen unerlässlich. Unsere Vorfahren sahen in diesem Training die Möglichkeit des Menschen, seine eigenen geistigen und leiblichen Möglichkeiten zu erproben, auszuschöpfen und zu beherrschen. Körperliche und geistige Schönheit und Gesundheit waren untrennbar miteinander verbunden. Sie waren die Quellen der Lebenskraft, aus denen die weisen Philosophen ihre Erkenntnisse und Kräfte schöpften. Mit der so gewonnenen Energie gelang ihnen der Blick hinter die Nebelschleier der Anderswelt, um in die Mystik des irdischen Lebens einzutauchen.

Die indischen Yogis teilen bis heute diese Lebensauffassung. Dehnübungen sind Formen der Meditation und haben intensive mystische Erfahrungen zur Folge. Es sind Impulse und Erlebnisse, die mit üblichen Methoden nicht erreichbar sind und die sich einstellen, wenn äußere störende Einflüsse durch diese Techniken ausgeblendet werden.

Die Übungen schaffen somit die Gelegenheit, auf das universelle höhere und wahre Selbst zu schauen.

Auch die Weisen der Antike waren der Auffassung, ein gesunder Geist möge in einem gesunden Körper sein! Ihrer Auffassung nach vereinigte sich eine edle Seele idealerweise mit einer wohlgeformten Gestalt.

Wenn du deinen kostbaren und einzigartigen Körper, dieses Wunderwerk der Schöpfung, täglich dehnst, steigerst du deine geistigen Fähigkeiten und kommst in die Lage, berauschende Erkenntnisse über das Diesseits und das Jenseits zu erlangen. Zudem kannst du dadurch zahlreichen Zivilisationskrankheiten wie Herzinfarkt, Diabetes, Depressionen, Atemwegserkrankungen und Krebs vorbeugen. Du findest Wege aus dem alltäglichen Stress, und die Lebenskraft und Qualität deines irdischen Aufenthalts auf dem schönsten Planeten des Universums können ihr Optimum erreichen. Sie wirken entscheidend an der Gestaltung deines Schicksals mit:

- ❋ **Rücken dehnen**: Begib dich mit beiden Beinen kniend auf eine Gymnastikmatte, einen Teppich oder ein Schaffell. Dann leg deinen Oberkörper auf deinem Schoß ab und streck beide Arme so weit wie möglich nach vorn. Verweile so für mindestens 20 Sekunden und atme dabei tief ein und aus. Du kannst die Übung nach einer kurzen Entspannungsphase beliebig oft wiederholen.

- **Oberschenkel und Arme dehnen:** Leg dich flach auf den Rücken. Winkele nun die Beine an und spanne deinen Bauch dabei an. Heb anschließend deinen Rumpf beim Gesäß angefangen an, bis Knie, Oberschenkel und Oberkörper eine Linie bilden. Die Hände legst du ausgestreckt hinter den Kopf oder unter den Körper. Halte diese Position für 20 Sekunden. Anschließend kannst du die Übung nach einer kurzen Entspannungsphase beliebig oft wiederholen. Schon nach wenigen Tagen wirst du merken, wie sich dein Körper immer wohler fühlt und bald schon gar nicht mehr auf diese Übung verzichten möchte.

- **Beine dehnen:** Setz dich auf den Boden, streck ein Bein nach vorn und winkele das andere an. Lehne dich mit gestreckten Armen nach vorn und versuch die Fußzehen zu berühren.

Fasten – die Verbindung mit der spirituellen Kraft

Traditionell wurde sowohl aus institutionalisiert religiösen Gründen gefastet als auch zur Einweihung in die magische Welt der Spiritualität. Fast alle Kulturen pflegten den Verzicht auf Nahrung, meist als Vorbereitung auf rituelle und religiöse Handlungen. So wurde nämlich die innere Einkehr und die Verbindung mit Göttern und Ahnen wesentlich erleichtert. Bis heute versetzen sich Schamanen, Priester und andere Geübte damit in transzendente Zustände, in denen sie empfänglicher werden für Botschaften aus der geistigen Welt. Wer es dabei schafft, den Geist seiner Vorfahren herbeizurufen, wird wertvolle Ratschläge für die Bewältigung seines Schicksals empfangen. Geistige Stärke und Kraft genauso wie Zuversicht, Selbstvertrauen und Mut für die Durchsetzung lang gehegter Wünsche können die Belohnung sein.

Fastentage sind eine Reise zur inneren Freiheit, eine Zeit der Reinigung nicht nur des Körpers, sondern auch des Geistes und der Gedanken. Körper, Geist und Seele kommen zur Ruhe, und eine neue Vitalität, Kraft und Energie kann erwachsen. Seit jeher kennen alte Kulturen diesen Verzicht, der die Selbstheilungskräfte des Körpers wieder hochfährt, um achtsam zu werden, seine Sinne zu klären und wiederzuerwecken und dem Leben eine neue Richtung geben.

»Ein voller Bauch studiert nicht gern« ist ein altbewährter Spruch, den viele aus eigener Erfahrung kennen, denn zu viel Nahrung schwächt uns, raubt Energie wie Konzentration und lässt uns untätig werden. Es bringt den Geist zum Erlahmen, das Denken versagt, und der körperliche Bewegungsdrang wird von einem Gefühl des Unwohlseins und des Unvermögens besiegt.

Schon etwa 400 Jahre vor unserer Zeitrechnung stellte der berühmteste griechische Arzt des Altertums, Hippokrates von Kos, fest: »Wer stark, gesund und jung bleiben will, sei mäßig, übe den Körper, atme reine Luft und heile sein Weh eher durch Fasten als durch Medikamente.« Wenn wir diesem Rat folgen, erkennen wir nach einiger Zeit, dass wir durch den gewollten Verzicht das Leben bewusster wahrnehmen und uns das Reflektieren des eigenen Seins besser gelingt. Des Weiteren nehmen wir die Signale unseres Körpers deutlicher wahr und finden eher heraus, welche Gefühle uns begleiten. Wer fastet, kann sicher sein, dass sich während der Verzichtstage die Selbstwahrnehmung und die Eigensensibilität durch lange Spaziergänge in der Natur stark erhöhen oder sogar erst wirklich initiiert werden. Das Leben wird intensiver empfunden, und das Interesse für die hermetischen Schöpfungsgesetze erwacht (nämlich das Prinzip des Geistes, der Ursache und Wirkung, der Analogien, der Resonanz, der Harmonie oder des Ausgleichs, des Rhythmus oder der Schwingung sowie der Polarität und Geschlechtlichkeit).

Zu fasten bedeutet nicht gleich den vollständigen Verzicht auf Nahrung jeglicher Art, sondern die Umstellung auf leichte Kost in geringen Mengen. Morgens lässt man beispielsweise das Frühstück ausfallen und trinkt so viel Quellwasser, wie der Körper verlangt, mittags nimmt man möglichst eine selbst gekochte klare Gemüse- oder Knochensuppe mit frischen Kräutern zu sich und abends eine gekochte, leicht gesalzene Kartoffel, in Scheiben geschnitten. Und wer auf eine deftige Note nicht verzichten möchte, kombiniert den Erdapfel mit einer Scheibe roher oder leicht in Olivenöl gedünsteter Zwiebel.

Tagsüber sollte man viel trinken, möglichst Quellwasser und weniger Genussmittel wie Kaffee oder schwarzen Tee, denn beide könnten das Hungergefühl aktivieren.

Dieser Vorschlag ist sehr effizient und soll als Anregung dienen. Die Möglichkeiten der reduzierten Nahrungsaufnahme sind unermesslich vielseitig. Jeder muss selbst herausfinden, was ihm guttut, denn bekanntlich sind wir alle einzigartig und reagieren oft sehr unterschiedlich.

Der Fastende gewinnt eine größere Macht über sich selbst, erlebt mehr Selbstvertrauen und ein höheres Selbstwertgefühl. Der Wunsch nach qualitativ hochwertiger Nahrung steigert sich und führt dazu, dass wir wieder bewusster essen und besser genießen können. Je weniger man isst, desto intensiver tritt der Geschmack des jeweiligen Nahrungsmittels hervor. Der Pflanzengeist zieht uns vollends in seinen Bann und zeigt uns Geschmacksdimensionen, die einem rein oberflächlichen Nahrungskonsumenten verborgen bleiben.

Werden die Organe, Zellen und Gefäße des physischen Körpers »entschlackt«, erfährt auch der Geist eine besondere Reinigung. Fasten fördert wie gesagt das spirituelle Wachstum, der Kopf wird frei, ein neues Bewusstsein erschließt sich, und die Gedanken werden neu transformiert. Wer verzichten lernt, wächst über sich hinaus. Süchte nach Süßem und Alkohol lassen nach, das reine Konsumieren von Nahrung gehört der Vergangenheit an und hat einer demutsvollen Nahrungsaufnahme Platz gemacht.

Lässt man eine Mahlzeit ausfallen, werden Körper und Zellen gereinigt, die Organe erholen sich und verbessern ihre Funktionsfähigkeit. Neben einer allgemein gesundheitsfördernden »Entschleunigung«, weiteren Aspekten wie Entlastung beziehungsweise Linderung von Herz und Kreislauf, Bluthochdruck, Rheuma, Arthrose, Diabetes und noch vielen anderen chronischen Erkrankungen sowie einer Steigerung des allgemeinen Wohlbefindens hilft das Fasten auch bei der Öffnung des Dritten Auges.

Drei Mahlzeiten am Tag zu sich zu nehmen ist eher eine neuzeitliche Gewohnheit, die es in dieser Regelmäßigkeit früher nicht gab. Lange Zeit waren die Menschen froh, wenn sie zumindest einmal am Tag etwas zu essen bekamen. Fasten bedeutet eine Rückkehr zu unserem Ursprung, unserer Identität und zur Entwicklung eines starken Ichs, Verantwortung und einem harmonischen Leben.

Das Fasten fällt dir leichter, wenn du dir über alle deine Nahrungsmittel Informationen besorgst. Woher kommen die Produkte, welche Heilkraft steckt in ihnen, welche Pflanzenmärchen gibt es darüber? Wie haben deine Vorfahren diese Pflanze verwendet? Welche mythologischen Botschaften schlummern in ihr? Diese Fragen schaffen eine Verbindung, du lernst, dich besser mit ihr zu identifizieren, entwickelst Respekt und Dankbarkeit – alles Voraussetzungen, um nicht große Mengen davon zu verschlingen, sondern ihr mit Demut zu begegnen.

Wenn ärztlicherseits keine gesundheitlichen Gründe dagegensprechen, trinke eine Woche lang morgens und tagsüber nur heißes oder kaltes Wasser mit einigen Spritzern Zitronensaft und ein paar Scheiben frischem Ingwer. Verzichte auf Kaffee und Kräutertee, beides weckt die Hungergeister.

Mittags reicht eine Tasse selbst zubereiteter Salat nur mit Essig oder Zitrone, einem guten Öl, Pfeffer und Salz gewürzt, und abends ein Teller selbstgemachte heiße Brühe aus Wasser und etwas in Butter angebratener Zwiebel, Sellerie und Karotte. Zum Würzen nimmst du Pfeffer, Salz, Galgantpulver und ein Stück Chilischote oder frischen Ingwer. Dazu reichst du noch ein paar frische Kräuter wie Koriander, Schnittlauch, Petersilie oder Dill. Wenn der Magen zu sehr knurrt, naschst du hin und wieder nicht mehr als 1 Teelöffel von zuvor in einer Pfanne ohne Fett angerösteten Kürbis- und Pinienkernen.

Baue danach jede Woche einen Fastentag ein und erlebe eine neue Dimension von Lebensfreude und Fülle.

Mythologische Spurensuche – Quelle der Lebensenergie

Sagen, Legenden und Mythen enthalten die Erfahrungen und Erinnerungen der Menschheit, auf ihnen sind die Säulen unseres Lebens erbaut, und sie bestimmen unsere Geschicke mit. Mythen fesseln die Menschen. Sie tragen große Namen, sind Heroen in einer fantastischen Welt und kämpferisch. In Zeiten von Umbrüchen und Kriegen überwinden sie jede noch so bedrohliche Gefahr, ihre Taten sind legendär. Sie sind aber auch Botschafter der Geschichte, die von Göttern, Halbgöttern und quasi gottgleichen Heroen mit atemberaubenden Kräften zu berichten wissen: Zeus, König Artus, Wotan. Die Menschen erbauten ihnen monumentale Tempel und bildeten ihre Helden in faszinierenden Skulpturen und kostbaren Gemälden ab.

Warum ziehen uns Mythen bis heute weltweit in ihren Bann? Was ist das Geheimnis ihres jahrtausendelangen Zaubers? Der Schlüssel dafür liegt in der menschlichen Psyche. Sie erfindet die Mythen, um ihre Gefühle, Empfindungen, Einstellungen, Wertvorstellungen, Wünsche und Hoffnungen zu offenbaren. Schon die Urmenschen fürchteten die Naturgewalten wie Donner, Blitz, Vulkanausbrüche, sodass sie sich für diese schicksalhaften Bedrohungen Götter ausdachten, um durch deren Beschwörungen und Opfergaben ihre eigenen Ängste und ihre Verzweiflung zu bewältigen. Mithilfe von Göttern wie Zeus, dem Vater aller Götter, Riesen wie Rübezahl, Helden wie Odysseus versuchten sie, sich die Welt zu erklären, ihrer Herkunft nachzugehen und ihre Hoffnung auf ein Leben im Jenseits zu stillen.

Heute glauben die meisten Menschen zwar nicht mehr an die historische Wirklichkeit dieser mythischen Erzählungen, dennoch können sie darin Identität, Orientierung, Zuversicht, Geborgenheit und damit eine Schicksalsgemeinschaft erspüren, die zusammenhält und Sicherheit verleiht. Mythen beflügeln unsere Lebensträume und damit unser Streben und unsere Lebensziele. Die Helden unserer Lieblingssagen besitzen Tugenden, nach denen wir in unserem gesamten Leben streben können. Sie durchlaufen eine wechselvolle Entwicklung, müssen Rückschläge verkraften, erleben Enttäuschungen und weisen Schwächen auf. Doch sie wachsen an ihren Aufgaben, und schließlich gelingt es ihnen, dank ihres Durchhaltevermögens, des Glaubens an ihre Stärke und des Urvertrauens auf unterstützende, kosmische Kräfte zum Helden zu werden.

Ihre Abenteuer sprechen symbolisch die tiefen, inneren Probleme des Menschen an und unterstützen jeden Einzelnen von uns bei den Mysterien des Lebens, den Entwicklungsstufen, die wir bei Übergängen – Geburt, Adoleszenz, Pubertät, Ehe, Vater- und Mutterschaft, Wechseljahre, Altern, Krankheit, Tod – durchlaufen müssen.

Wer von den verborgenen Geheimnissen der Mythen ergriffen wird, dessen Leben erfährt eine emotional tiefe und belebende Bereicherung. Mythen erzählen von der Suche der Menschen nach Sinn und Bedeutung des Lebens, die Ewigkeit zu berühren, das Rätsel des Daseins zu verstehen und herauszufinden, wer wir sind. Mythen unterstützen das Erwachen der selbstständigen Persönlichkeit, das Ich. Sie lehren, der eigenen Sehnsucht, Begeisterung und den Emotionen zu folgen und damit der Bestimmung und den Aufgaben in diesem Erdenleben zu entsprechen. Wir schöpfen aus ihnen eine unvorstellbare Lebenskraft und starke Motivation, ursprünglich, selbstverantwortlich und einsichtsvoll zu leben. Sie bestimmen unser gesamtes Leben mit und geben unserem Schicksal eine bedeutende Richtung.

Nachwort

Sich selbst stärker vertrauen, deutlicher auf die innere Stimme hören, das Unmögliche für möglich halten – dies alles sind Erkenntnisse, die sich im Verlauf unseres Lebens einstellen. Wir haben in diesem Buch erfahren, welche universalen Energien auf unser Dasein wirken und wie wir unser Leben in die gewünschten Bahnen lenken können. Nutze diese idealen Kräfte, die deinen magischen Einfluss auf dein Schicksal unterstützen. Entdecke die Seele des Nachthimmels, er schenkt dir grandiose Impulse für deinen weiteren Lebensweg. Genau wie die wiederkehrenden Abläufe, die durch ihr stetiges Auftauchen andeuten möchten, was du genauer anschauen sollst, um gewissen Problemen zukünftig nicht mehr zu begegnen.

Mit dem Geist deiner Umgebung gelingt dir das Eindringen in das kosmische Netz, das dich ständig umgibt, dich aufwecken möchte für die glanzvollen Abenteuer in deinem Leben. Es reicht dir Trost und Geborgenheit in schmerzvollen Stunden und begleitet dich bei den faszinierenden Momenten unglaublicher Wunder, die dich mit brillantem Lebensglück, ja sogar atemberaubender Ekstase erfüllen. Diese Augenblicke lassen dich Fülle spüren, geistigen Reichtum und wahre Erfüllung. Die Lektüre dieses Buches bringt dich mit dem Sinn deines Lebens zusammen. Du stellst fest, dass alles im Leben einen guten Sinn hat, den du erst erkennen kannst, wenn du deine Gedanken dafür öffnest. Denn dein Leben hat den Sinn, den du ihm gibst.

Ich freue mich, dass ich mit diesem Buch vielleicht etwas dazu beitragen konnte, das Geheimnis deines Schicksals zu lüften und viele schmerzvolle wie auch wunderbare Erlebnisse deines einzigartigen Lebens besser zu verstehen.

Dank

Ganz herzlichen Dank an alle, die mir bei der Verwirklichung meines Buchprojekts behilflich waren. Insbesondere danke ich Elena Grunwald vom mvg Verlag, die meinen Vorschlag unterstützte, ein Buch über das Geheimnis unseres Schicksals zu veröffentlichen, und mich mit Geduld und organisatorischem Geschick begleitete. Ich danke meinem Lektor Ralf Lay für wertvolle Korrekturen.

Über die Autorin

Als passionierte Wildpflanzenkennerin leitet Caroline Deiß in ihrer Wahlheimat am Starnberger See zahlreiche Führungen, Kochkurse, Seminare und Vortragsreihen über die Magie der Wildkräuter, die Kraft des Räucherns und das Geheimnis der Rauhnächte. Privat beschäftigt sich die Autorin auch mit der Entdeckung von mystischen Kraftorten und Wanderungen in den bayerischen Bergen.

Literatur

Abd-ru-shin: *Im Lichte der Wahrheit,* Stiftung Gralsbotschaft, Stuttgart 1990

Arendt, Hannah: *Die Freiheit, frei zu sein,* dtv Verlagsgesellschaft, München, 12. Aufl. 2020

Atkinson, William Walker: *Kybalion. Die 7 hermetischen Gesetze: Das Original,* Aurinia Verlag, Hamburg, 16. Aufl. 2019

Betz, Robert: *Willkommen im Reich der Fülle. Wie du Erfolg, Wohlstand und Lebensglück erschaffst,* Heyne Verlag, München 2015

Czechorowski, Claudine/Czechorowski, Henri: *Spirituelle Einweihungen,* Windpferd Verlagsgesellschaft, Aitrang 1991

Derungs, Kurt/Früh, Sigrid: *Der Kult der drei heiligen Frauen. Mythen, Märchen und Orte der Heilkraft,* Edition Amalia, Grenchen bei Solothurn 2014

Estés, Clarissa Pinkola: *Die Wolfsfrau. Die Kraft der weiblichen Urinstinkte,* Wilhelm Heyne Verlag, München 1993

Fischer-Rizzi, Susanne: *Das Buch vom Räuchern,* AT Verlag, Aarau, 2. Aufl. 2008

Franckh, Pierre: *Das Gesetz der Resonanz,* Koha Verlag, Burgrain, 3. Aufl. 2009

Golowin, Sergius: *Paracelsus. Mediziner – Heiler – Philosoph,* Schirner Verlag, Darmstadt 2007

Gronemeyer, Reimer: *Die Weisheit der Alten. Sieben Schätze für die Zukunft,* Herder Verlag, Freiburg im Breisgau 2018

Grün, Anselm: *Staunen. Die Wunder im Alltag erkennen,* Herder Verlag, Freiburg im Breisgau 2018

–, *Spiritualität. Damit mein Leben gelingt*, Vier-Türme-Verlag, Münsterschwarzach 2007

Heitel, Mohani: *Die heilenden Klänge der Mantras*, Südwest Verlag, München 2007

Hobbs-Scharner, Ulrike: *Der Tod. Ein großes Geheimnis?*, HMHE Verlag, Vörstetten 2007

Holitzka, Marlies/Holitzka, Klaus: *Der kosmische Wissensspeicher*, Schirner Verlag, Darmstadt 2002

Jakoby, Bernard: *Das Leben danach. Was mit uns geschieht, wenn wir sterben*, Rowohlt Taschenbuch Verlag, Reinbek bei Hamburg, 4. Aufl. 2006

Kuby, Clemens: *Heilung. Das Wunder in uns. Selbstheilungsprozesse entdecken*, Kösel-Verlag, München, 6. Aufl. 2007

Marx, Susanne: *Das große Buch der Affirmationen. Für alle Lebenslagen: Gesundheit, Selbstwert, Partnerschaft, Familie, Freundschaft, Kreativität, Beruf, Finanzen, Verlust, Trauer, Spiritualität*, VAK Verlag, Kirchzarten, 4. Aufl. 2015

Mavromataki, Maria: *Mythologie und Kulte Griechenlands*, Haitalis Verlag, Athen 1997

Michaels, Mike: *Illusion, Spielzeug der Wahrheit*, epubli, Berlin, 2. Aufl. 2014

Mullaney, James: *Mit den Sternen meditieren. Ein spiritueller Zugang zum Kosmos*, Knaur Verlag, München 2014

Pregenzer, Brigitte: *Hildegard von Bingen. Einfach fasten*, Tyrolia-Verlag, Innsbruck 2018

Rätsch, Christian: *Die Steine der Schamanen. Kristalle, Fossilien und die Landschaften des Bewusstseins*, Eugen Diederichs Verlag, München 1997

Ronneberg, Ami: *Das Buch der Symbole. Betrachtungen zu archetypischen Bildern*, Taschen Verlag, Köln 2011

Saint-Exupéry, Antoine de: *Der Kleine Prinz*, Karl Rauch Verlag, Düsseldorf 1956

Steiner, Andreas: *Alles Schicksal. Wie wir uns aus Familienmustern befreien*, Herder Verlag, Freiburg im Breisgau 2020

Storl, Wolf-Dieter: *Die Pflanzen der Kelten. Heilkunde – Pflanzenzauber – Baumkalender*, Knaur Verlag, München 2010

Tepperwein, Kurt: *Schicksal und Bestimmung*, Silberschnur Verlag, Boppard 2008

Tolle, Eckhart: *Jetzt! Die Kraft der Gegenwart. Ein Leitfaden zum spirituellen Erwachen*, J. Kamphausen Verlag, Bielefeld, 19. Aufl. 2008

–, *Stille spricht. Wahres Sein berühren*, Arkana Verlag, München, 7. Aufl. 2003

Warnke, Ulrich: *Die Öffnung des 3. Auges. Quantenphilosophie unseres Jenseits-Moduls*, Goldmann Verlag, München, 3. Aufl. 2019

Watzlawick, Paul: *Wie wirklich ist die Wirklichkeit? Wahn, Täuschung, Verstehen*, Piper Verlag, München, 19. Aufl. 2019

Zerling, Clemens: *Lexikon der Tiersymbolik. Mythologie – Religion – Psychologie*, Drachen Verlag, Klein Jasedow 2012

Bildnachweis

S. 9 Shutterstock.com/Nicholas Steven; S. 19 Shutterstock.com/dugdax; S. 22 Shutterstock.com/Ezume Images; S. 26 Shutterstock.com/shutting; S. 33 Shutterstock.com/Robsonphoto; S. 43 Shutterstock.com/Asmiana; S. 46 Shutterstock.com/Kwiatek7; S. 61 Shutterstock.com/ping198; S. 72 Shutterstock.com/Microgen; S. 78 Shutterstock.com/Pikoso.kz; S. 84 Shutterstock.com/natureLover24; S. 93 Shutterstock.com/mimagephotography; S. 117 Shutterstock.com/jaboo2foto; S. 131 Shutterstock.com/jaboo2foto; S. 146 Shutterstock.com/BAZA Production; S. 155 Shutterstock.com/rawf8; S. 165 Shutterstock.com/Fotograf Interlaken; S. 167 Shutterstock.com/Simon Vasut; S. 177 Shutterstock.com/ju_see; S. 181 u. 203 Caroline Deiß;